アイスランドのロピーで編む
ノマドのニット

サイチカ

小学館

Prologue

アイスランドの糸でセーターを編みませんか？

お声をかけていただいて、私とアイスランド羊の妄想の遊牧の旅が
はじまった。2種類のロピーをつねに手元に置いて、あれこれと編
み散らかしながら糸と暮らすこと1年あまり……。

ある日アトリエのひと隅に、まあるくなって眠る牧羊犬が現れた。

正確に言えば、それは編み散らかした毛糸の山なんだけれども。

その妄想の牧羊犬が私を導いて、それからセーターがどんどん編み
上がった。編んでいくうちに、どんどん解放されてきて、どんどん
土に近くなる感じがした。

ロピーは、土の香りがする。生き物の匂いがする。

旅に出るのもままならなかった昨今、空想の妄想の翼は自由に羽ば
たいて旅に出られる。編み針を持って一緒に旅に出よう。

まず、目指すはアイスランド！

関わってくださった多くの方、この本を手に取ってくださったすべ
ての方に心より感謝を込めて。

サイチカ

Nomadic Knit

Contents

アイスランドの羊と紡ぐ
日々のセーターの物語

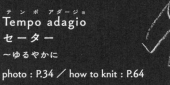

A / How to knit ---> page 54

羊飼いのセーター
アイスランディックシープのデイリーセーター

娘の小学校で羊を飼っていた。お世話係は低学年の小
さな羊飼いたち。生き物を飼うのは覚悟がいるけれど、
やっぱり憧れてしまう羊飼い。このセーター、定番ア
ウターとして日々活躍してくれるに違いない。

How to knit ---> page 54

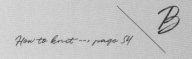

羊飼いのセーター
アイスランディックシープのリラックスセーター

仕上がりの軽さが自慢です。ゆったりたっぷりリラックスサイズ。サスペンダーとの相性がバッチリです。老若男女問わずお楽しみいただけたら。

How to knit --> page 56

羊飼いのベスト
Artisan（アルチザン）ベスト

小さなポケットのあるフェルトのベストは、
セーターの上にも羽織れる、ややビッグサイ
ズ。洗濯機で縮めるときはドキドキしますが、
大丈夫。足りない場合は、再度好みの風合い
に手洗いでフェルト化させましょう。

How to knit ---> page 59

羊飼いのジャケット
Artisan（アルチザン）ジャケット

毛布のような質感のジャケット。輪で編んで
しっかりフェルト化させてから前中心を切り
開きます。輪のままフェルト化すると、左右
身頃を均等に縮めやすくなります。ハサミを
入れたら、切りっぱなしで完成。ピンで留め
て前後ろ自由に着ていただけましたら。

羊飼いのワンピース
羊にくるまれる服

まさに私が理想とする妄想の羊飼いの姿。この糸の魅力あってこそのワンピースになりました。
袖を通したときのうれしさ。お気に入りの一枚です。

羊飼いのコート
ノマドコート

「羊飼いのワンピース」を洗濯機でグルグルと洗ってフェルト化しています。ロピーは羊の個性を感じる糸。白はややハリがあり、有色はむっちりした糸感。おおらかに編んでいただけたら。レットロピーの軽く暖かな一枚。

How to knit ---> page 66

フェルトの山高帽

クルクルと丸めて持ち運べて、なおかつ立体
的で暖かく、美しい帽子が欲しくて編んだ帽
子です。

H / *How to knit* ---> *page 68*

フェルトのスリップオン

繭玉のような、小動物のような、ほっこりと暖かなス
リップオン。とってもシンプルで美しい一足ができま
した。バブーシュのようにかかとを踏んで履いても。

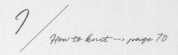

降り注ぐ雨のリブセーター
実りの雨を待つ

静かに大地に降り注ぐ雨を思いながら編んだ
セーター。袖にもリブの流れは続いていきます。
レットロピーでトップダウンに編みます。

How to knit ---> page 74

降り注ぐ雨の丸ヨークセーター

アラフォスロピーだから、サクサク編めてしまいます。
えりぐりから編み始め、枝分かれしながら流れていく
リブの陰影が静かで美しいのです。

How to knit ---> page 76

壺のセーター

その名の通り、ふたつの取っ手のある丸い壺をすっぽ
り着込んだような形。上向き、下向き、どちらで着て
も面白いのです。自由に着ていただけたら。

フェルトのエッグバッグ
小さな生き物みたいなバッグ

もふもふコロンとした卵形。フェルト化すると、丸み
ともふもふ感がぐっと増します。いろんな色で編んで
みたくなりますよ、きっと。

フェルトのポストマンバッグ

手紙をくれる友人がいる。不精な私を思い出してくれて
うれしくなる。ありがとう。この本も誰かに届いてうれ
しくさせることができたらな、と思います。寒い日は手
も入れてしまいそうなホコホコしたポストマンバック。

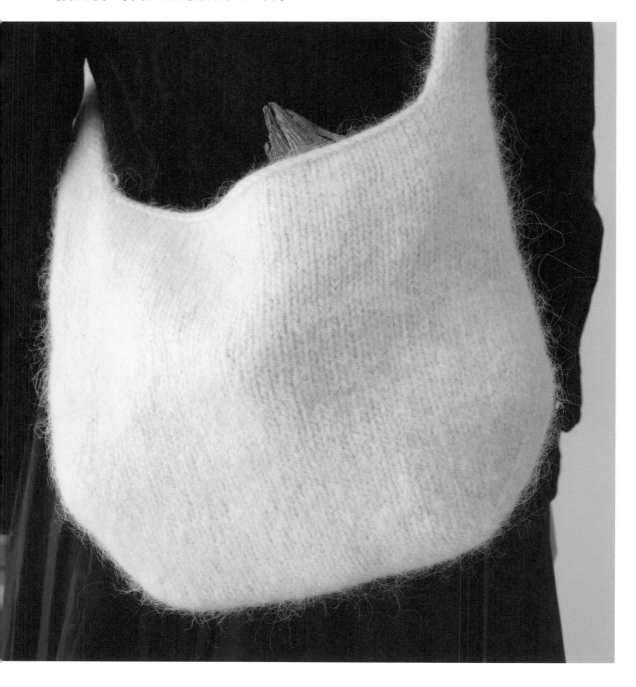

How to knit ---> page 61

Tempo andante カーディガン
（テンポ アンダンテ）
~歩く速さで

歩く速さは人それぞれだけれど、新宿の町を行くとき
の私の速さときたら、恐ろしい勢い。このカーディガ
ンは、どうぞどうぞのんびりと歩く速さでお楽しみい
ただけましたら。

テンポ アダージョ
Tempo adagio セーター
〜ゆるやかに

andante カーディガンのゆったりした時間をさらにお楽しみいただけたら。とはいえ、アラフォスロッピーを14号針で編むので、テンポよく丸ヨークの減目をしていくと、あっという間に編めてしまいます。

How to knit ---> page 82

木漏れ日のセーター
読書のためのセーター

隣家の花梨の木漏れ日が、我が家の小さな庭に落ちる。
そのキラキラした木陰の下は特等席。木漏れ日をレー
ス編みで編み込んだ丸ヨークセーターです。

How to knit --→ page 84

フェルトのベレー帽

活躍の多そうな定番のベレー帽です。ちょこんとかぶ
るもよし。深くかぶるもよし。ひっくり返して裏メリ
ヤスを表にしてかぶるもまたよし、です。

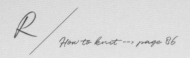

How to knit ---> page 86

流星群のセーター
満天の星空の下で

流星群の時期になると、毎回ソワソワ待っ
てしまいます。遠くに遠くに心を飛ばして
思いをはせることは楽しい。放射点から一
斉に流れた星々のセーター。

花かごバッグ
ガーデナーのためのバッグ

野に出て花冠を編むように、花モチーフ
を丁寧につないでいきます。隙間なく密
につないであるから実用性もあり。甘さ
ひかえめの大人な花かごバックです。

About lopi

ロピーヤーンのこと

レットロピー
1玉 100m/50g

アラフォスロピー
1玉 100m/100g

　この本の作品に使用している「ロピー(lopi)」は、アイスランドの固有種であるアイスランディックシープの毛から作られているウール糸です。

　アイスランディックシープは、9〜10世紀頃、アイスランドにバイキングが入植したときに連れてきた羊が起源。その後、「氷河と火山の国」と呼ばれる島国の厳しく、隔絶された自然環境に適応するなかで、羊たちの体を守る羊毛は独特な性質をもつようになりました。

　光沢があり繊維が長い外毛は、撥水性が高く、雨や雪を防ぎます。そして繊維が細く短い内毛は、やわらかで

軽く、高い保温性によって寒さをしっかり防ぎます。

　その2種類の羊毛を使い、原毛がもつ油分も残しつつ、ほとんど撚りをかけずに作られる糸が、ロピーです。アイスランドでは、もともと「ロピー」という言葉は原毛をカーディング(洗って繊維の流れを整える作業)した状態のもののことでしたが、現在では撚りの少ない糸のこともさすそうです。

　そんな個性的な性質、質感をもつロピー。編んでみると油分が残っているためちょっとごわっとした手ざわりですが、まるで羊そのものとたわむれているような感覚

なのです。ごわっとした質感は完成後に水通しをして余分な脂を落とすとふんわりやわらかく変身するので、その変身ぶりも楽しんでいただきたいところ。仕上げの処理は水通しをおすすめします。

　この本で使用しているロピーは、どちらも定番の「アラフォスロピー（Álafosslopi）」と「レットロピー（Léttlopi）」の2種類。原料はまったく同じで、アラフォスロピーが極太（1玉 100m/100g）、レットロピーが並太（1玉 100m/50g）というのが違いです。上の写真は同じ目数・段数を2種類の糸で編んだスワッチ。太いアラフォスロ

ピーで編むと大きく、細いレットロピーで編むと小さくなります。分厚い編み地やより素朴な風合いを楽しむならアラフォスロピー、少し繊細でより軽い編み地を楽しむならレットロピー、などと使い分けてみてください。

　ロピーで編むアイテムといえば、まず思い浮かぶのは幾何学的な編み込み模様がヨークを彩るロピーセーターですが、この本ではあえて糸がもつ"羊感"をそのまま形にするようなイメージで、シンプルに作品をデザインしていきました。まずは糸玉を手にとって、"羊感"を味わってみませんか？

Enjoy arrangement!

アイデア
広がる！

羊飼いのセーターアレンジガイド

A.

B

この本で最初にご紹介した「羊飼いのセーター」は、基本の形として、アラフォスロピーバージョン（A→P.8）とレットロピーバージョン（B→P.9）を作りました（編み方はともにP.54）。

2種類の基本のセーターを眺めているうち、このシンプルなパターンから、セーター以外にもいろいろな冬のデイリーアイテムに展開していけるのではないかしらとひらめいて、試行錯誤が始まりました。

そうして完成したのが、前立てを加えたり、フェルト化したり、丈を長くしたりというアレンジを加えたジャ

ケット、ベスト、ワンピース、コートの4点です。題して「羊飼いシリーズ」。右ページには、各アイテムごとにアレンジ内容をまとめました。

たとえばある地域で伝統的に編まれてきた、"定番"と呼ばれるような形は、多くの人の手でくり返し編まれるなかで、編みやすい形、着やすい形に落ち着き、さらに必要に応じたアレンジが加えられて別のアイテムになったりしてきたのではないかと思います。そんなストーリーも空想しながらつくったシリーズです。

ぜひ、アレンジも楽しんでみてください。

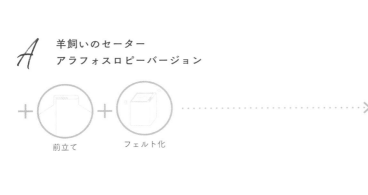

A 羊飼いのセーター
アラフォスロピーバージョン

前立て ＋ フェルト化

羊飼いのジャケット
→ P.12

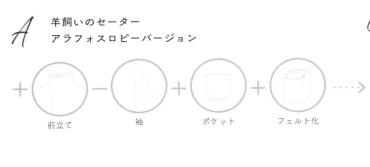

A 羊飼いのセーター
アラフォスロピーバージョン

前立て － 袖 ＋ ポケット ＋ フェルト化

フェルト化

羊飼いのベスト
→ P.10

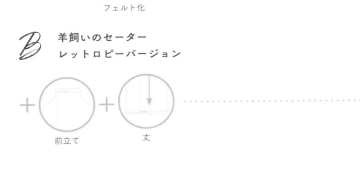

B 羊飼いのセーター
レットロピーバージョン

前立て ＋ 丈

羊飼いのワンピース
→ P.14

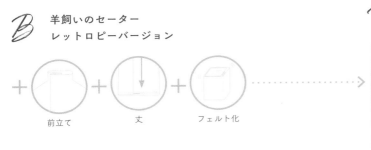

B 羊飼いのセーター
レットロピーバージョン

前立て ＋ 丈 ＋ フェルト化

羊飼いのコート
→ P.16

a トルコ式の作り目

つま先から編む靴下の作り目としてトルコや中東で使われてきた
作り目で、針に糸を巻くだけの簡単な方法です。靴下にかぎらず、
袋状のものを底から輪に編むときに使えるので、本書では長い輪
針で作る方法をスリップオンやバッグで使用しています。

1 輪針の針先2本をそろえて左手に持ち、糸端を約10cm残して2本の針の間に手前から向こう側へと通す。

2 針の上から糸を手前に戻し(これで1回巻きになる)、必要な目数分だけ2本の針先に糸を巻きつける。

3 下側の針先を右へスライドし、巻いた糸を輪針のケーブル部分に移す。

★ この部分のケーブルを
右に引き出しきらないよう注意!

4 抜いた針先を右手に持ち(★部分のケーブルは必ず残す)、上側の針のループを表目で編む。

5 上側の針のループをすべて表目で編んだところ。これで1段めの半分を編んだことになる。

6 上下を逆に持ち替える。

7 上側になった針のケーブルを左へ引いてループを針先に戻す。

8 下側になった針の針先を右へスライドし、抜いた針先を右手に持つ。

9 上側の針のループをすべて表目で編む。これで1段終了。次段からはマジックループで編んでいく。

マジックループ

長い輪針1本で、さまざまな太さの筒を輪に編む編み方です。この方法を知ってから輪編みのアイテムはほぼ長い輪針1本で編むようになりました。この本でもほとんどの作品に使用しています。80cm以上の輪針を使用するのがおすすめです。

1 段の中央（左側）から余分なループを引き出し、手前の編み目は針先にのせ、向こう側の針先は右へ引き出す。

2 左側のケーブルがなくならないよう注意しながら、右側に引き出した針先を右手に持つ。

3 手前の針にのった目をすべて編む。写真は編み終えたところ。これで1段の半分を編んだことになる。

3 編み地を返し、手前になった針のケーブルを左へ引いて手前の編み目を針先にのせる。

4 向こう側の針先を右へ引き、向こう側の編み目をケーブル部分に移す。ただし、左側のケーブルがなくならないように注意。

5 右側に引き出した針先を右手に持ち、手前の針の編み目をすべて編む。

6 これで1段編めた。3〜5をくり返して編んでいく。

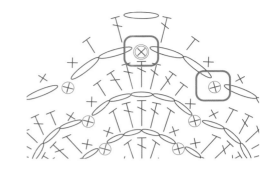

c　かぎ針モチーフの「花びら」の編み方

「花かごバッグ」（写真：P.42／編み方：P.88）のモチーフ1枚は、五重の花びらがもりもりと立体的に重なるデザインです。このモチーフで、花びらを立体的にするためのポイントになる編み方を解説します。

⊗ の編み方

2段前の
こま編み

1 記号の直前の鎖編みまで編み、2段前のこま編みの右側に裏から表へとかぎ針を出す。

2 かぎ針をこま編みの左側から裏へ出す。

3 かぎ針に糸をかけ、こま編みの右側の裏まで引き抜く（こま編みの足部分を束に拾ったことになる）。

4 かぎ針に糸をかけ、前段の花びらの後ろ側でこま編みを編む。

5 こま編みを編んだところ。

⊗ の編み方

前段の長編み

6 記号の直前の鎖編みまで編み、前段の花びらを手前に倒し、前段の長編みの土台の鎖を束に拾う。

7 かぎ針に糸をかけて引き抜く。写真は引き抜いたところ。

8 かぎ針に糸をかけ、こま編みを編む。写真はこま編みを編み終わったところ。

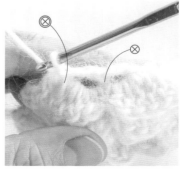

9 1～8のように編むことで、花びらの裏側に次の花びらの土台ができる。

50

かぎ針モチーフのつなぎ方

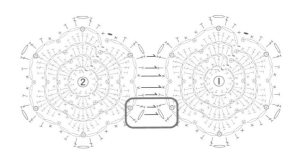

「花かごバッグ」のモチーフは、中心から編むモチーフの最終段を
編みながら、周囲のモチーフに編みつないでいきます。編みつな
ぐ先が鎖編みの場合、束に拾う方法もありますが、この作品では
しっかり固定できる頭鎖を拾う方法でつないでいます。

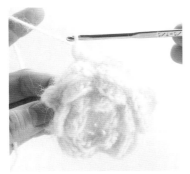

1 モチーフ②を9段めの編みつなぎ位置の鎖編み1目まで編む。

2 編み目からかぎ針をいったん抜く。

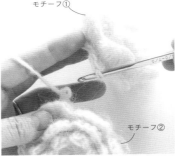

3 抜いたかぎ針をモチーフ①の編みつなぎ位置の鎖編みに入れる（頭鎖と裏山の間に差し入れる）。

4 かぎ針をモチーフ②の鎖編みに戻し、②の鎖編みをモチーフ①の鎖編みから引き抜く。

5 引き抜いたところ。これでふたつのモチーフの鎖編みがつながる。

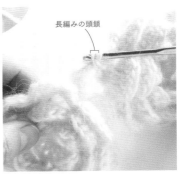

6 続けてモチーフ①の次の長編みの頭にかぎ針を入れる。

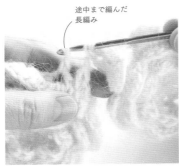

7 続けてモチーフ②の次の長編みを1回糸を引き抜いたところまで編む。

8 長編みの最後に糸を引き抜くときに、かぎ針にかかったすべてのループから一度に引き抜く。

9 長編みが完成し、モチーフがつながる。以下同様に①の編み目を拾ってから②の編み目を編む。

フェルト化の方法（手洗い）

フェルト化には洗濯機を使う方法と手洗いで行う方法があります
が、大物は洗濯機、小物は縮み具合を見ながら手洗いで、という
のがおすすめ。加えて最初にスリップオンなどの小物で感覚をつ
かんでから、大物を作ることもおすすめします。

同じ目数、段数のスワッ
チの大きさ比較。白は
フェルト化前、グレーは
フェルト化後。編み地を
フェルト化すると、糸に
もよりますが縦方向のほ
うがよく縮みます。

1 作品が浸る程度のボウルなどに水を
入れ、5リットルあたり小さじ1杯
程度の中性洗剤を溶かしておく。

2 作品を入れ、しっかり浸して水分を
浸透させ、軽くもみ洗いをして糸の
油分を落とす。

3 もんでは水に浸し、またもむという
作業をくり返し、徐々にパンをこね
るようにしっかりもみこむ。

4 布のようなしっかりした手ごたえに
変わってきたら、繊維をならすよう
にこすり合わせる。縮み具合が弱い
ところは重点的にこすって均等に。

5 好みの縮み具合になったら（目安は
15～20分）、2～3回すすぐ。

6 洗濯機で脱水し、形をきれいに整え
てタオルなどの上で乾かす。

洗濯機でフェルト化する

　フェルト化の作業は、洗濯機でも行うことができます。手
順は次の通りです。
①洗濯機に通常の洗濯の3分の1程度の洗剤を入れ、目の
細かい洗濯ネットに入れた作品を12分の洗いコースで2～
3回程度洗う（※縦型洗濯機の場合。すすぎ、脱水はせず、
洗いコースだけをくり返す。途中、一時停止して作品を取り
出して広げ、形を整える、縁の丸まりを伸ばす、たたみ方を
変えるなどして調整する。好みの縮み具合に縮んでいたら、

その時点で洗いを終了してもOK。ムラがある場合は縮みの
弱い部分を手洗いフェルトの方法で締める）。
②そのまますすぎ、脱水コースも行う（脱水はウールコース
ではなく通常コースでしっかり行う）。
③形を整えてタオルなどの上に平置きして乾かす。生乾きの
状態でスチームアイロンをかけておくと形が整いやすい。
　洗濯機を使う方法は、途中で確認や調整をするひと手間が
必要ですが、大物のフェルト化にはとても便利です。

How to knit

作品の編み方

◎材料欄に「アラフォスロピー　白　51（white）」などとある場合、「51」は製品の色番号、
「white」は色の正式名称です。

◎記載した寸法のうち、とくに記載がないものの単位はすべて cm（センチメートル）です。

◎本書の作品には、

アラフォスロピー　ウール100％／1玉 100g（100m）

レットロピー　ウール100％／1玉 50g（100m）

を使用しています。製品の問い合わせ先は巻末ページを参照してください。

◎「用具」に輪針を指定している作品はマジックループの方法で編んでいますが、5（4）本
針を使用するなどほかの方法でも編むことができます。適宜好みの方法で編んでください。
マジックループの編み方は P.49 を参照してください。

A and B ‖ 羊飼いのセーター

アイスランディックシープのデイリーセーター／リラックスセーター

※以下 A は ⓐ、B は ⓑ

[材料]
ⓐアラフォスロピー　ライトベージュ　85
（oatmeal heather）　680g
ⓑレットロピー　白　51（white）　530g

[用具]
ⓐ 14 号 80cm 輪針、8 号 80cm 輪針、かぎ針 8/0 号
ⓑ 8 号 80cm 輪針、かぎ針 8/0 号

[ゲージ]
ⓐメリヤス編み　13 目×18 段（10cm 角・14 号針）
ⓑメリヤス編み　18 目×24 段（10cm 角・8 号針）

[仕上がり寸法]
ⓐ胴囲 108cm、丈 60.5cm、ゆき丈 73cm
ⓑ胴囲 116cm、丈 59.5m、ゆき丈 75cm

[編み方]
糸はすべて 1 本どりで編む。各パーツの使用針は製図参照。
◎ネックから身頃のアームホール部分まで：指でかける作り目をしてメリヤス編みでネックを輪に編む。「ヨーク」の図を参照して肩の前後で増し目をしながらメリヤス編みでヨークを輪に編み、前後身頃はそれぞれメリヤス編みで往復に編む（編み終わったら糸は切る）。肩の左右 8 目ずつは休ませておく。
◎身頃の続き：別鎖の作り目を 2 本作り、別鎖①の中央（脇中心）から 4 目、身頃、別鎖②から 8 目、身頃、別鎖①から 4 目、の順に目を拾って身頃の続きをメリヤス編みで再び輪に編む。
◎すそと縁：「すそと縁」の図を参照して、前後身頃のすそと縁をそれぞれメリヤス編みとガーター編みで往復に編む。8 段め以降は左端の縁だけを往復に編みながらすその目を一緒に編んで縁をすそに編みつけていく。最後は裏面を見て左右の縁をメリヤスはぎする。
◎袖：脇中心から脇マチ 4 目、身頃、肩の休み目 8 目、身頃、残りの脇マチ 4 目、の順に目を拾い、袖下で減目をしながらメリヤス編みを輪に編む。袖口はメリヤス編みを増減なく編み、かぎ針 8/0 号で伏せ止めする。

★ⓐとⓑで数値が異なる箇所は、ⓑのデータを（）内に表示しています。

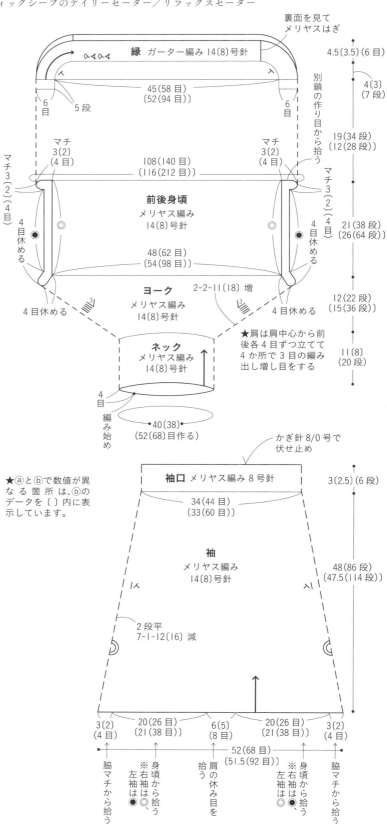

裏面を見てメリヤスはぎ

縁　ガーター編み 14(8)号針
45(58 目)（52(94 目)）
6目　5段
マチ 3(2)（4 目）
マチ 3(2)（4 目）
108(140 目)〔116(212 目)〕
マチ 3(2)（4 目）
前後身頃 メリヤス編み 14(8)号針
4 目休める
48(62 目)（54(98 目)）
4 目休める
ヨーク メリヤス編み 14(8)号針
2-2-11(18) 増
4 目休める
4 目休める
ネック メリヤス編み 14(8)号針
4 目
編み始め
•40(38)•（52(68)目作る）

4.5(3.5)(6 目)
4(3)(7 段)
別鎖の作り目から拾う
19(34 段)（12(28 段)）
21(38 段)（26(64 段)）
12(22 段)（15(36 段)）
11(8)(20 段)

★肩は肩中心から前後各 4 目ずつ立てて 4 か所で 3 目の編み出し増し目をする

かぎ針 8/0 号で伏せ止め
袖口 メリヤス編み 8 号針
34(44 目)〔33(60 目)〕
3(2.5)(6 段)

袖 メリヤス編み 14(8)号針
48(86 段)〔47.5(114 段)〕
2 段平 7-1-12(16) 減

3(2)(4 目)　20(26 目)〔21(38 目)〕　6(5)(8 目)　20(26 目)〔21(38 目)〕　3(2)(4 目)
52(68 目)〔51.5(92 目)〕
脇マチから拾う　※左右袖はⓐ◉ⓑ◯　身頃から拾う　肩の休み目を拾う　※左右袖はⓐ◉ⓑ◯　身頃から拾う　脇マチから拾う

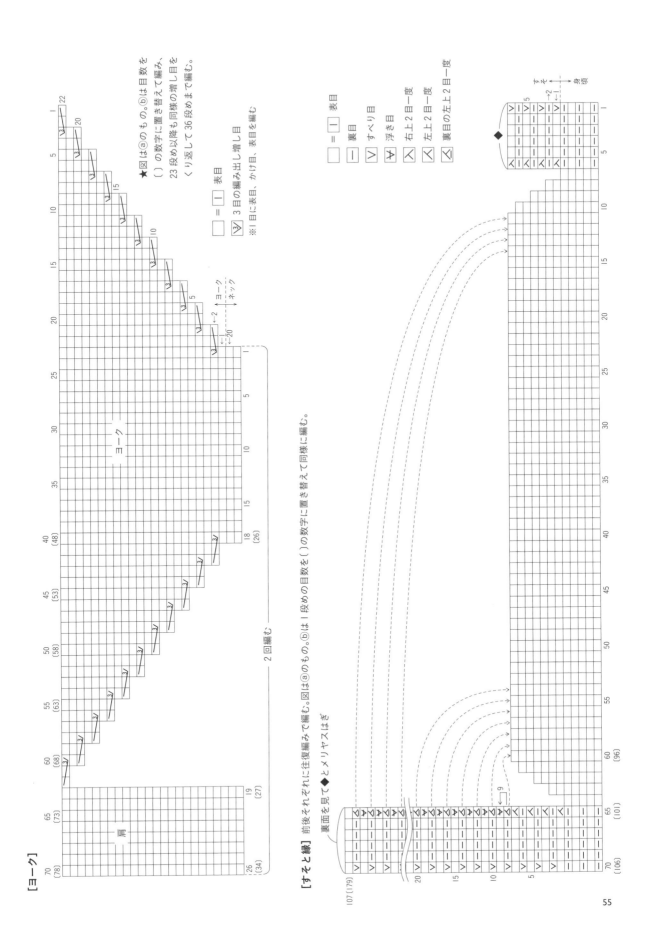

[ヨーク]

★図は@のもの。ⓑは目数を
（ ）の数字に置き替えて編み、
23段め以降も同様の増し目を
くり返して36段めまで編む。

□＝| 表目

|3/| 3目の編み出し増し目
※1目に表目、かけ目、表目を編む

ヨーク
ネック

肩

[すそと縁] 前後それぞれに往復編みで編む。図は@のもの。ⓑは1段めの目数を（ ）の数字に置き替えて同様に編む。

裏面を見て◆とメリヤスはぎ

□＝| 表目
| 裏目
|V| すべり目
|大| 浮き目
|入| 右上2目一度
|人| 左上2目一度
|ㅅ| 裏目の左上2目一度

すそ
身頃

55

羊飼いのベスト

アルチザンベスト〜重ね着しても動きやすい、"働くひと"のためのフェルトのベスト

[材料]
アラフォスロピー
ダークグレー　58(dark grey heather)
450g
直径 2cm のボタン 1 個

[用具]
14 号 80cm 輪針(または 4 本針)
かぎ針 8/0 号

[ゲージ]
メリヤス編み(フェルト化前)　13 目
× 18 段(10cm 角・14 号針)

[仕上がり寸法]
フェルト化前：胴囲 102cm、丈 61.5cm
フェルト化後：胴囲 94cm、丈 52cm

[編み方]
糸はすべて 1 本どりで編む。
◎ネックからヨークまで：指でかける作り目をしてメリヤス編みでネックを輪に編む。図を参照して肩の前後で増し目をしながらメリヤス編みでヨークを輪に編み、最終段で肩の左右 8 目ずつは伏せ止めする。
◎身頃とすそ：ヨークから続けて後ろ身頃をアームホール部分までメリヤス編みで往復に編む。糸は切らずに休めておき、新たに糸をつけて前身頃をアームホールまでメリヤス編みで往復に編み、糸を切る。後ろ身頃の糸で前身頃を続けて編み、前後身頃の下側をメリヤス編みで輪に編む。すそをガーター編みで編み、かぎ針 8/0 号で伏せ止めする。
◎ポケット：指でかける作り目をしてメリヤス編みで往復に編み、図を参照して減目をして、かぎ針 8/0 号で伏せ止めする。
◎「仕上げ方」を参照し、フェルト化して仕上げる。

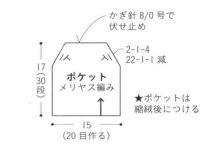

かぎ針 8/0 号で
伏せ止め

2-1-4
22-1-1 減

ポケット
メリヤス編み

17
(30段)

15
(20 目作る)

★ポケットは
縮絨後につける

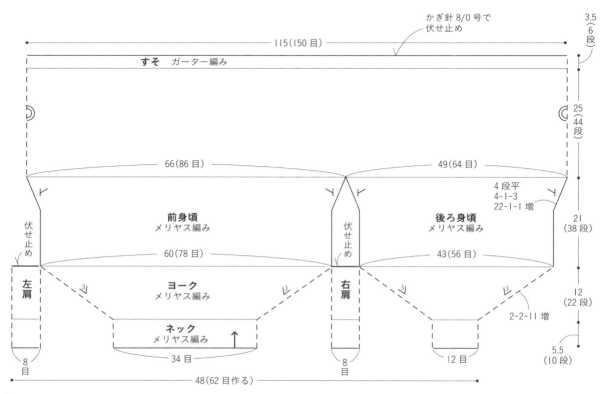

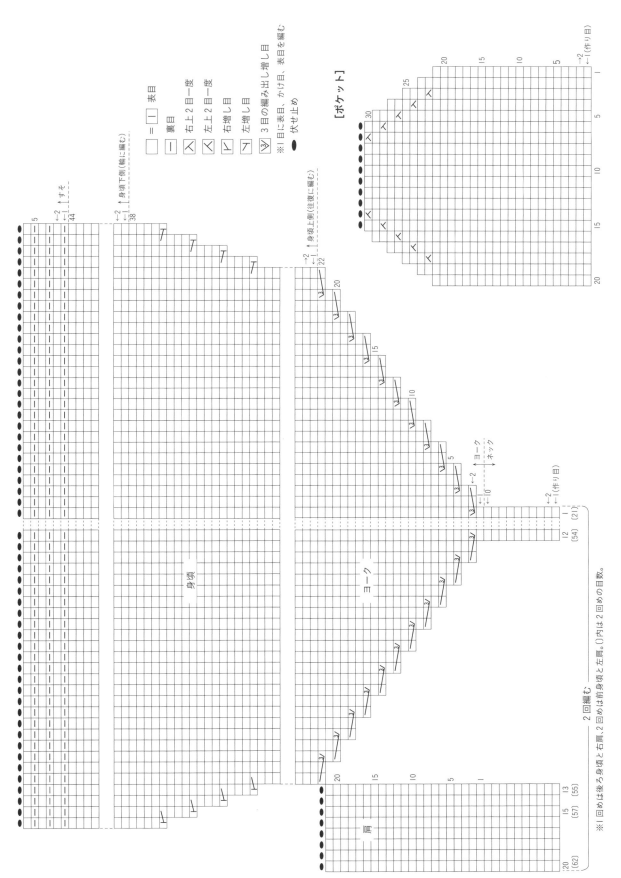

記号の説明：
□ = □ 表目
□ 裏目
入 右上2目一度
人 左上2目一度
ト 右増し目
ナ 左増し目
マ 3目の編み出し増し目

※1目に表目、かけ目、表目を編む

● 伏せ止め

[ポケット]

身頃

ヨーク

肩

※1回めは後ろ身頃と右肩。2回めは前身頃と左肩。
2回編む
()内は2回めの目数。

57

[仕上げ方]

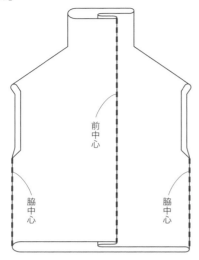

①糸始末をすませてから、フェルト化したあと
の作業をラクにするため本体の前中心と
左右の脇中心にしつけ縫いをしておく。

前中心

脇中心

脇中心

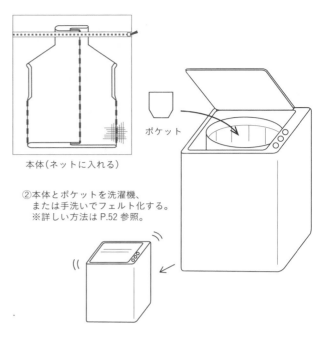

本体（ネットに入れる）

ポケット

②本体とポケットを洗濯機、
または手洗いでフェルト化する。
※詳しい方法は P.52 参照。

〈フェルト化後のサイズ〉

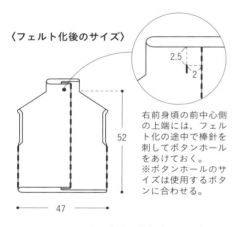

2.5

2

52

47

右前身頃の前中心側
の上端には、フェル
ト化の途中で棒針を
刺してボタンホール
をあけておく。
※ボタンホールのサ
イズは使用するボタ
ンに合わせる。

14

14

図は作品の仕上がりサイズ。どの
程度縮めるかにより、好みのサイ
ズに調整可能です。
※ポケットはゆがんでもそれが
味になるので、サイズや形はあま
り気にしなくても大丈夫。

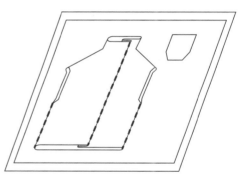

③形を整えてしっかり乾くまで平干しする。
※乾いてからさらにスチームアイロンを
かけておくと、仕上がりがよりきれいになる。

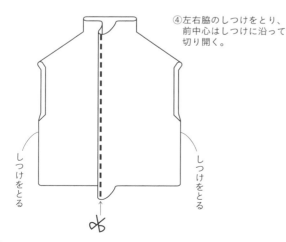

④左右脇のしつけをとり、
前中心はしつけに沿って
切り開く。

しつけ
をとる

しつけ
をとる

⑦左前身頃の上端に
ボタンホール位置と
合わせてボタンをつける。

⑥ボタンホールに
編み糸でボタンホール
ステッチを刺す。

10

4

⑤右前身頃にポケットを
まつりつける。

羊飼いのジャケット

アルチザンジャケット〜冬の寒さも冷たい風もしっかり防ぐフェルトのジャケット

[材料]
アラフォスロピー
杢ブラック　5(black heather)　750g

[用具]
14 号 80cm 輪針
かぎ針 8/0 号

[ゲージ]
メリヤス編み（フェルト化前）　13 目
× 18 段（10cm 角・14 号針）

[仕上がり寸法]
フェルト化前：胴囲 129cm、ゆき丈
76cm、丈 63cm
フェルト化後：胴囲 120cm、ゆき丈
73cm、丈 56cm

[編み方]
糸はすべて 1 本どりで編む。
◎ネックから身頃まで：編み方は「羊飼いのセーター」ⓐ（→ P.54）と同様です。P.54
〜 55 の編み方を参照してください（ネックを 10 段に変え、前身頃側ヨークの作
り目数 18 目を 46 目に変える）。
◎すそ：ガーター編みで編み、かぎ針 8/0 号で伏せ止めする。
◎袖：「羊飼いのセーター」ⓐと共通。P.54 を参照してください。
◎仕上げ：フェルト化から前立ての処理までは「羊飼いのベスト」と同様です。P.58
の「仕上げ方」を参照してください（ボタンはつけない）。

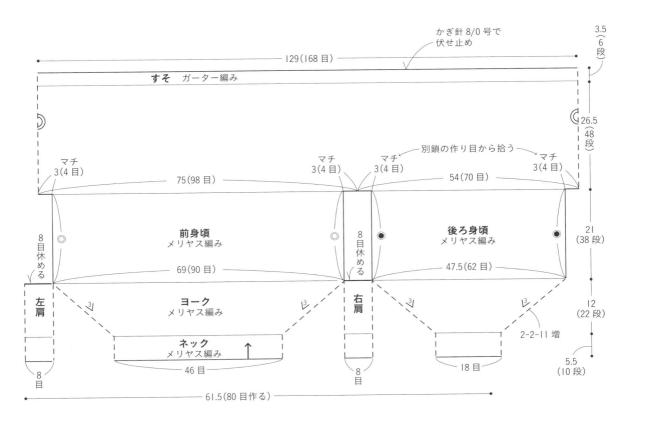

E and F 羊飼いのワンピース＆コート

羊にくるまれる服／ノマドコート

Photo : Page 14/16

※以下 E は ⓐ、F は ⓑ

[材料]
レットロピー
ⓐモカ　85（oatmeal heather）950g
ⓑ白　51（white）950g
好みのブローチ1個（※ⓐのみ）

[用具]
8号・6号の80cm輪針
かぎ針6/0号

[ゲージ]
メリヤス編み（フェルト化前）18目
×24段（10cm角・8号針）

[仕上がり寸法]
ⓐ胸囲138cm（全長）／118cm（ダーツを
とめた状態）、ゆき丈90cm、丈127cm
ⓑ胸囲118cm、ゆき丈78cm、丈112cm

[編み方]
糸はすべて1本どりで編む。
◎ネックから身頃まで：編み方は「羊飼いのセーター」ⓑ（→ P.54）と同様です。P.54
～55の編み方を参照してください（ネックを10段に変え、前身頃側ヨークの作
り目数26目を62目に変える）。身頃の丈は好みに合わせて調整してください。
◎すそ：6号針でガーター編みを輪に編み、かぎ針6/0号で伏せ止めする。
◎袖：「羊飼いのセーター」ⓑと共通。P.54を参照してください。
◎ⓐは「仕上げ方」を参照し、前身頃のダーツは自由にアレンジして着てください。
ⓑは「羊飼いのベスト」と同様にフェルト化と前立ての処理をして仕上げる
（→ P.58／ボタンはつけない）。

[仕上げ方]

①10cm折り返して
ダーツをとる

②ネックの下部分を
ブローチでとめる

[縁の編み方]

□＝│ 表目
─ 裏目
● 裏目の伏せ止め

3
←2
←1

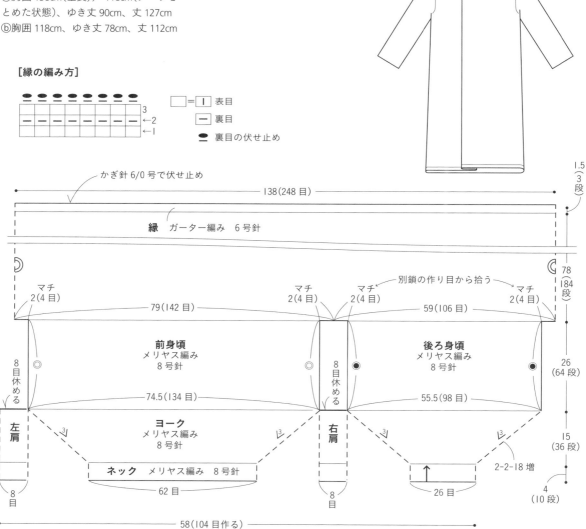

かぎ針6/0号で伏せ止め

138（248目）

縁　ガーター編み　6号針

1.5
（3段）

78
（184段）

マチ
2（4目）

マチ
2（4目）

マチ
2（4目）

別鎖の作り目から拾う

マチ
2（4目）

79（142目）

59（106目）

前身頃
メリヤス編み
8号針

後ろ身頃
メリヤス編み
8号針

8
目
休
め
る

8
目
休
め
る

26
（64段）

74.5（134目）

55.5（98目）

左
肩

ヨーク
メリヤス編み
8号針

右
肩

15
（36段）

ネック　メリヤス編み　8号針

2-2-18 増

62目

26目

8
目

8
目

4
（10段）

58（104目作る）

Tempo andante カーディガン

アンダンテ（歩く速さで）のリズムで模様を描くカーディガン

[材料]

レットロピー
白　51（white）　450g
黒　52（black sheep heather）　100g
直径 12mm のボタン 5 個

[用具]

8 号・6 号の 80cm 輪針
かぎ針 7/0 号

[ゲージ]

スキップ模様　17 目×26 段（10cm 角・
8 号針）

[仕上がり寸法]

胸囲 130cm、丈 64cm、ゆき丈 70.5cm

[編み方]

糸はすべて 1 本どりで編む。各パーツとも長い輪針で往復に編む。模様編みの黒は使用する段ごとに糸をつけ、編み終えたら切る。

◎すそから身頃まで：6 号針、白で指でかける作り目をして編み始め、2 目ゴム編みを編む。8 号針に替え、模様編みで身頃を編む。左右の端でえりぐりの減目をし、アームホール開始位置からは左右の前身頃と後ろ身頃を別々に編む。最後は後ろ身頃中央の 30 目をえりぐり用として別糸に分けて休め、左右の肩はそれぞれかぎ針 7/0 号で引き抜きはぎする。

◎袖：6 号針、白で指でかける作り目をして編み始め、2 目ゴム編みを往復に編む。8 号針に替え、1 段めで増し目する。袖下で増し目をしながら模様編みで最後まで編み、白で伏せ止めする。

◎前立て：6 号針、白で右前身頃の下端から肩まで拾い目をし、後ろ身頃えりぐりの休み目を編み、左前身頃の肩から下端まで拾い目をする。2 目ゴム編みで前立てを往復に編み、右前身頃側にはボタンホールを作る。

◎仕上げ：袖下をとじ、身頃のアームホールに袖をとじつけ、前立ての左前身頃側にボタンホールと位置を合わせてボタンをつける。

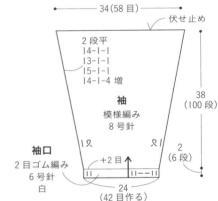

34（58 目）
伏せ止め
2 段平
14-1-1
13-1-1
15-1-1
14-1-4 増
袖
模様編み
8 号針
38
（100 段）
袖口
2 目ゴム編み
6 号針
白
+2 目
2
（6 段）
24
（42 目作る）

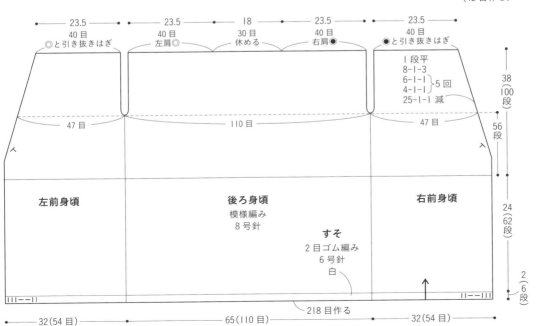

23.5　23.5　18　23.5　23.5
40 目　40 目　30 目　40 目　40 目
◎と引き抜きはぎ　左肩◎　休める　右肩●　●と引き抜きはぎ
1 段平
8-1-3
6-1-1
4-1-1 ｝5 回
25-1-1 減
47 目　110 目　47 目
38
（100 段）
56 段
左前身頃　後ろ身頃　右前身頃
模様編み
8 号針
すそ
2 目ゴム編み
6 号針
白
24
（62 段）
2
（6 段）
218 目作る
32（54 目）　65（110 目）　32（54 目）

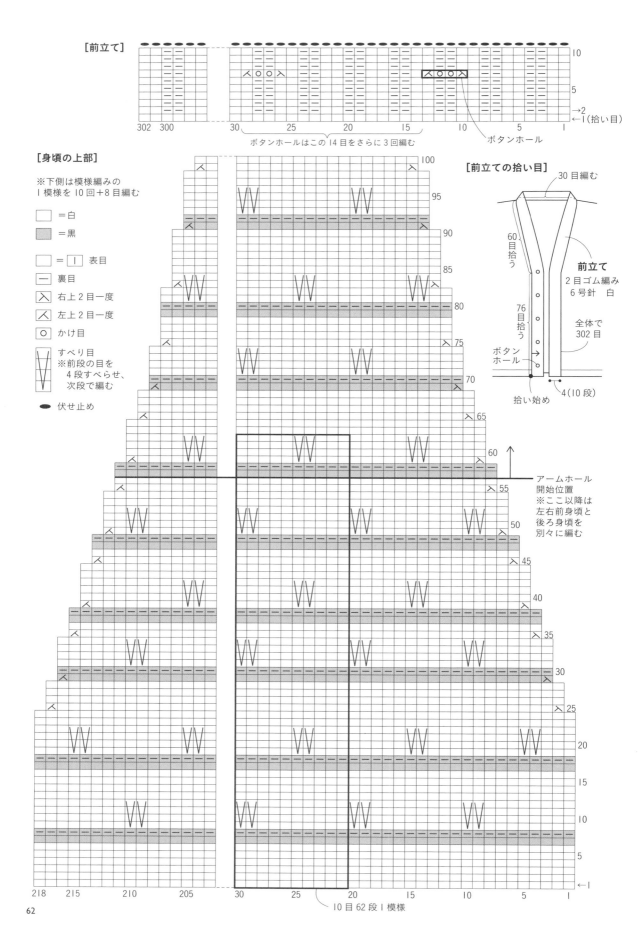

[前立て]

302　300　　　　30　　　25　　　20　　　15　　　10　　　5　　　1（拾い目）
→2
←1（拾い目）

ボタンホールはこの14目をさらに3回編む

ボタンホール

[身頃の上部]

※下側は模様編みの
　1模様を10回＋8目編む

☐ ＝白

▨ ＝黒

☐ ＝ | 　表目

－ ＝裏目

⋏ ＝右上2目一度

⋌ ＝左上2目一度

○ ＝かけ目

W ＝すべり目
　※前段の目を
　　4段すべらせ、
　　次段で編む

● ＝伏せ止め

[前立ての拾い目]

30目編む

60目拾う

前立て
2目ゴム編み
6号針　白

76目拾う

全体で
302目

ボタンホール

拾い始め

4（10段）

アームホール
開始位置
※ここ以降は
左右前身頃と
後ろ身頃を
別々に編む

218　215　210　205　　　30　　25　　20　　15　　10　　5　　1

10目62段1模様

62

[袖]

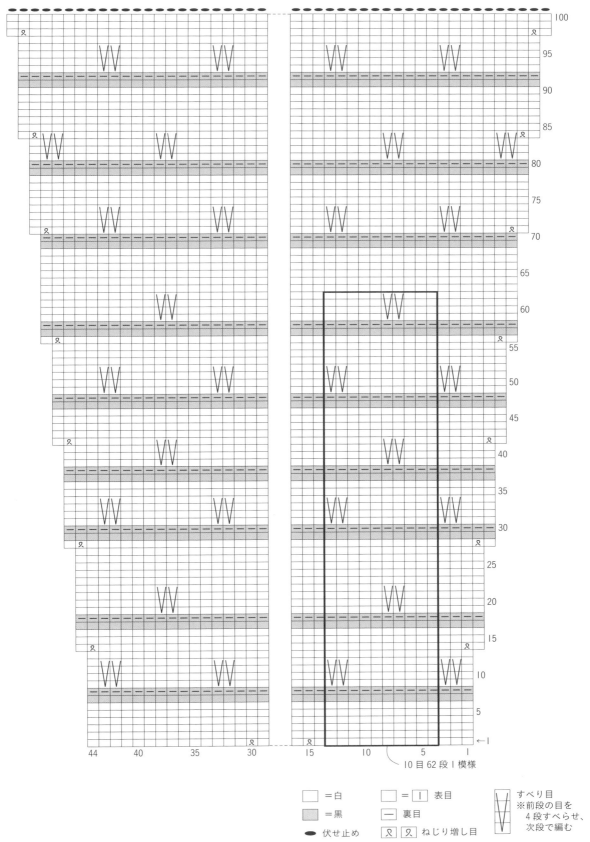

10目62段1模様

	=白		=		表目		すべり目
	=黒			一	裏目		※前段の目を 4段すべらせ、 次段で編む
●	伏せ止め		᠙ ᠙	ねじり増し目			

Tempo adagio セーター

Photo : Page 34

アダージョ（ゆるやかに）のリズムで模様を描く丸ヨークセーター

[材料]

アラフォスロピー

グレー　57（grey heather）　560g

白　51（white）　60g

[用具]

14号・8号の80cm輪針（または4本針）

[ゲージ]

模様編み　12.5目×18段（10cm角・14号針）

メリヤス編み　13目×18段（10cm角・14号針）

[仕上がり寸法]

胸囲124cm、ゆき丈81cm、丈57cm

[編み方]

糸はすべて1本どりで編む。模様編みの白は使用する段ごとに糸をつけ、編み終えたら切る。

◎すそから身頃まで：8号針、グレーで指でかける作り目をして編み始め、ねじりゴム編みを輪に編む。14号針に替え、メリヤス編みで身頃を輪に編む。最終段で左右脇のマチを別糸に移し、編み終わったら休ませておく。

◎袖：8号針、グレーで指でかける作り目をして編み始め、ねじりゴム編みを輪に編む。14号針に替え、メリヤス編みを輪に編む。1段めで均等に増し目をする。袖下に左右2目ずつ立てて増し目をしながら最後まで編む。脇下の8目はマチ分として別糸に移しておく。.

◎ヨーク：左袖の後ろ身頃側から、14号針、グレーで左袖→前身頃→右袖→後ろ身頃の順に編み、全体を輪にする。模様編みでヨークを編む。

◎えりぐり：8号針に替え、グレーでねじりゴム編みを輪に編む。1段めで均等に減目をする。最後は前段のねじり目は表目、裏目は裏目を編みながら伏せ止めする。

◎仕上げ：身頃と袖の脇下マチを左右それぞれメリヤスはぎする。

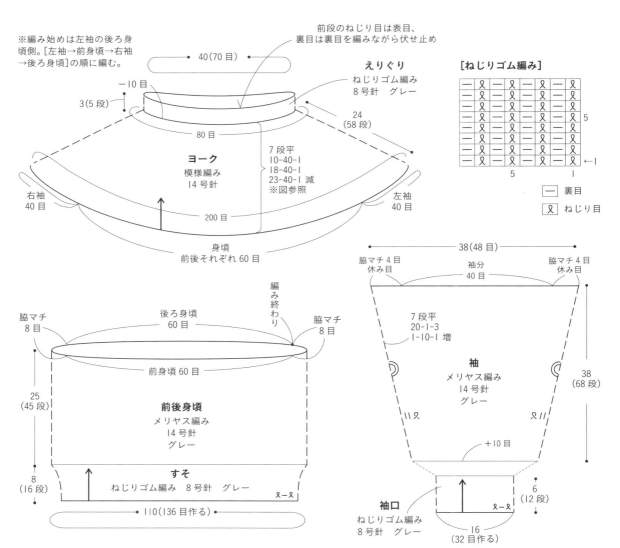

[ヨークの模様編みとえりぐり]

えりぐり

ヨーク

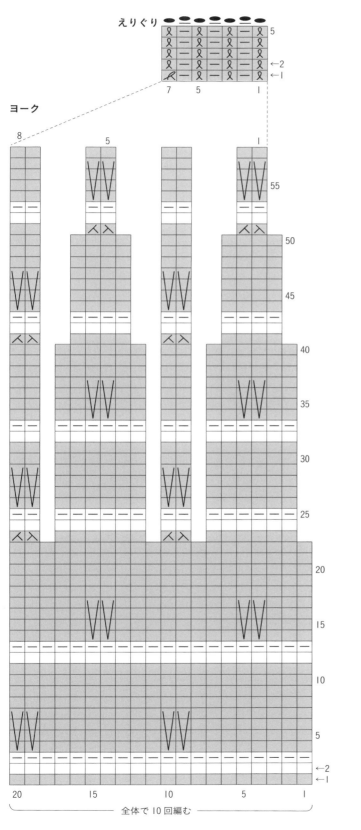

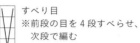

　　=グレー

　　=白

　　= | 　表目

　ー　裏目

　　ねじり目

　　右上２目一度

　　左上２目一度

　　ねじり目の左上２目一度

　　ねじり増し目

　　すべり目
　※前段の目を４段すべらせ、
　　次段で編む

　　伏せ止め

　　裏目の伏せ止め

[袖１段めの増し目]

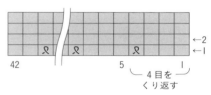

└ ４目を
　くり返す

[仕上げ方]

脇下マチの
左右各８目ずつを
メリヤスはぎ

G フェルトの山高帽

くるんと反り返ったブリムの端がかわいいシンプルなつばつき帽子

[材料]
レットロピー
白　51(white)　65g

[用具]
8号 80cm 輪針(または4本針)

[ゲージ]
メリヤス編み(10cm角・8号針)
フェルト化前：17目×24段

[仕上がり寸法]
フェルト化前：高さ17cm、頭周り
50cm
フェルト化後：図参照

[編み方]
糸はすべて1本どりで編む。
◎指にかける作り目で140目作り(針を2本束ねてゆるめに作る)、メリヤス編みを輪に編む。図を参照して本体を編み、最後は残った10目に糸端を2回通して引き絞る。
◎P.52を参照してフェルト化し、形を整えて乾かす。

[仕上がり寸法]

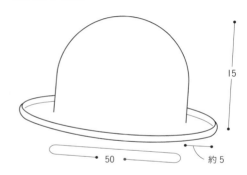

15

50

約5

※フェルト化の途中で縮み具合を確認し、
　ちょうどいいサイズに仕上げるのが
　おすすめです。

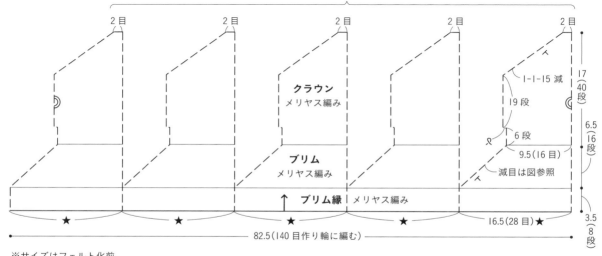

10目に糸端を通して引き絞る

2目　2目　2目　2目　2目

クラウン
メリヤス編み

ブリム
メリヤス編み

↑ ブリム縁｜メリヤス編み

1-1-15 減
19段
6段
9.5(16目)
減目は図参照

17
(40段)

6.5
(16段)

3.5
(8段)

★　★　★　★　16.5(28目)★

82.5(140目作り輪に編む)

※サイズはフェルト化前。

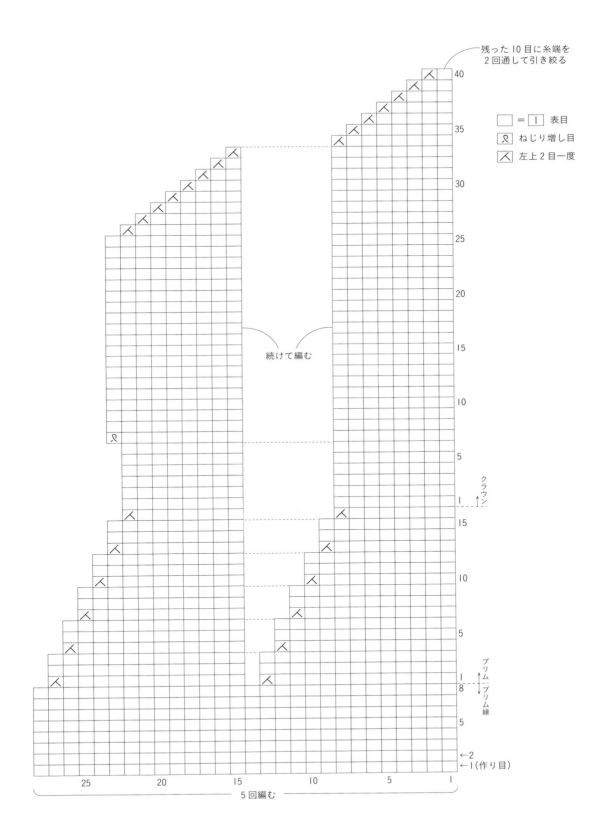

残った10目に糸端を
2回通して引き絞る

40

35

□ = |1| 表目

|2| ねじり増し目

|人| 左上2目一度

30

25

20

15

10

5

続けて編む

クラウン

15

10

5

ブリム
1
8
ブリム縁

5

←2
←1(作り目)

25   20   15   10   5   1

5回編む

67

H | フェルトのスリップオン

縮め方を調整すると、いろんなサイズに仕上げられるルームシューズ

[材料]
アラフォスロピー
白　51(white)　110g
はき口用別糸　適宜(ロピーと同程度
の太さの縮まない糸です。綿や麻の細い糸
でも引きそろえれば使えます)

[用具]
14号80cm輪針
かぎ針 7/0号

[ゲージ]
メリヤス編み(10cm角・14号針)
フェルト化前：13目×18段
フェルト化後：16目×28段

[仕上がり寸法]
フェルト化前：幅 15.5cm、長さ 37.5cm
フェルト化後：幅 12.5cm、長さ 24 〜
25cm

[編み方]
糸はすべて1本どりで編む。
◎かかと：14号輪針でトルコ式の作り目を6目作り、マジックループの方法で
増し目をしながらメリヤス編みを輪に編む(作り目の方法は P.48、マジックルー
プの編み方は P.49 参照)。
◎本体：増減なくメリヤス編みを輪に編む。はき口部分の14目は別糸を編み入
れる(本体用の糸を休めて別糸で編み、編んだ14目を左針に戻して本体用の糸
で編む。編み終えたらそのまま続きを編む)。
◎つま先：メリヤス編みを続けながら、甲側、足底側それぞれ左右の端で減目を
する。最後は残った甲側と足底側の6目ずつをメリヤスはぎする。
◎ P.52 を参照してフェルト化し、形を整えて乾かす。
◎はき口の仕上げ：別糸をほどいて残った目を棒針に移す。編み糸を使って、脇
からかぎ針 7/0 号でゆるめに伏せ止めする。

[仕上がり寸法]

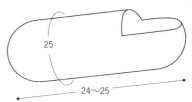

※フェルト化の途中で縮み具合を確認し、
　ちょうどいいサイズに仕上げるのが
　おすすめです。

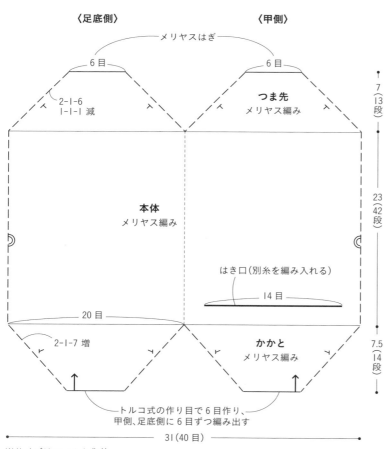

※サイズはフェルト化前。

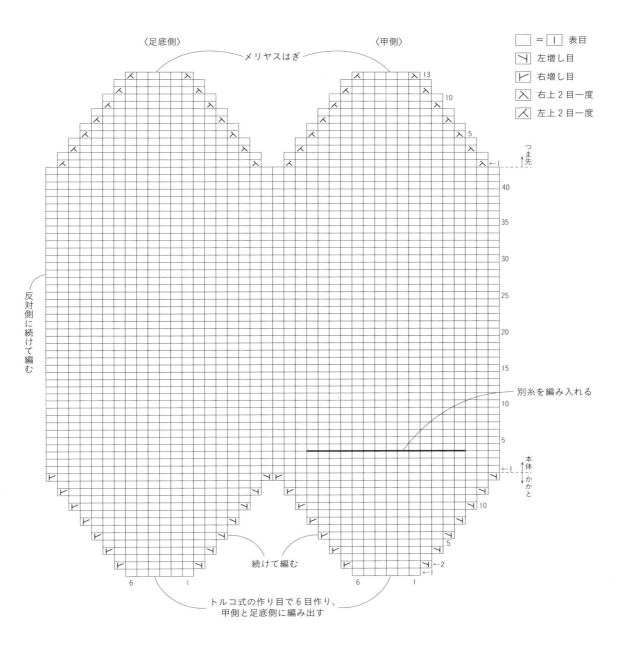

〈足底側〉　メリヤスはぎ　〈甲側〉

□ = Ι　表目
↗　左増し目
↖　右増し目
⋋　右上2目一度
⋌　左上2目一度

13

10

5

つま先

40

35

30

25

20

15

別糸を編み入れる

10

5

本体・かかと

反対側に続けて編む

10

5

←2
←1

6　Ι　　　　6　Ι

続けて編む

トルコ式の作り目で6目作り、
甲側と足底側に編み出す

［はき口の伏せ止め］

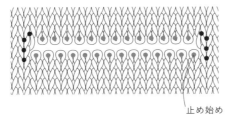

止め始め

①別糸をほどき、つま先側とかかと側の目
（●の目。下側13目＋上側14目＝27目）をそ
れぞれ別の針先にとる。
②「止め始め」の位置からかぎ針7/0号を使
い、編み糸でゆるめに伏せ止めしていく。左
右の脇では●部分に針先を入れて引き抜き
編みをする。

7 降り注ぐ雨のリブセーター

降り注ぐ実りの雨の雨だれに包まれるようなセーター

[材料]
レットロピー
ライトグレー　54(light ash heather)
420g

[用具]
8号 80cm 輪針
かぎ針 8/0号

[ゲージ]
ねじりゴム編み　20目×22段(10cm
角・8号針)

[編み方]
糸はすべて1本どりで編む。

◎ヨークから身頃まで：8号針で指でかける作り目をして編み始め、図を参照してヨークパターンⓐ(袖)、ⓑ(身頃)を組み合わせて輪に編む。左右の袖分の編み目を別糸に移して休ませ、別鎖の作り目から脇マチ分の目を拾い、ヨークのねじりゴム編みを続けて前後身頃を輪に編む。最後は前段のねじり目は表目、裏目を編みながら伏せ止めする。

◎袖：8号針でヨークのねじりゴム編みを続けながら、脇マチ、袖の休み目の順(左袖の場合。右袖は逆に拾う)に編む。袖の後ろ側で左袖は3目、右袖は2目立てて減目をしながらねじりゴム編みを輪に編む。最後は前段のねじり目は表目、裏目は裏目を編みながら伏せ止めする。

[仕上がり寸法]
胸囲 90cm、ゆき丈 77cm、丈 60cm

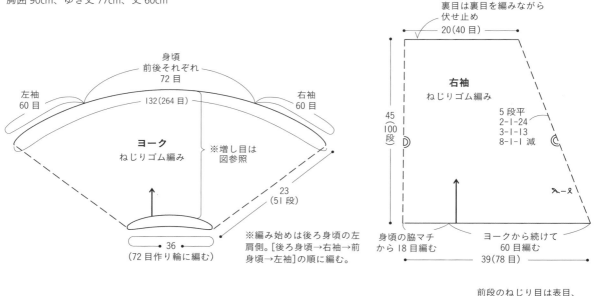

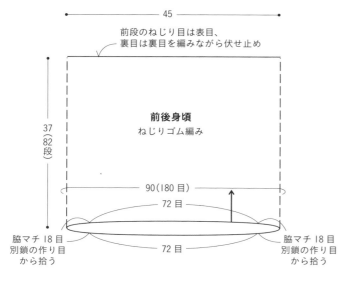

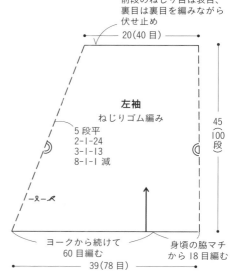

[ヨーク]

ヨークパターンⓐ(袖)

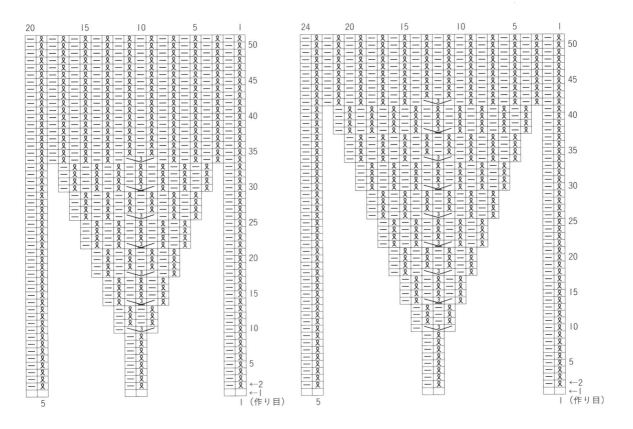

ヨークパターンⓑ(身頃)

―　裏目

Ⓧ　ねじり目

3　3目の編み出し増し目(表目)
※前段の1目に表目、裏目、表目を編む

3　3目の編み出し増し目(裏目)
※前段の1目に裏目、表目、裏目を編む

[ヨークの模様配置]

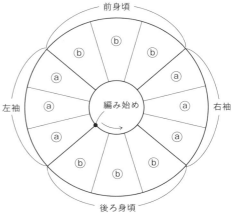

[右袖]

一　裏目
🧵　ねじり目
🧵　ねじり目の右上2目一度
●　伏せ止め
●　裏目の伏せ止め

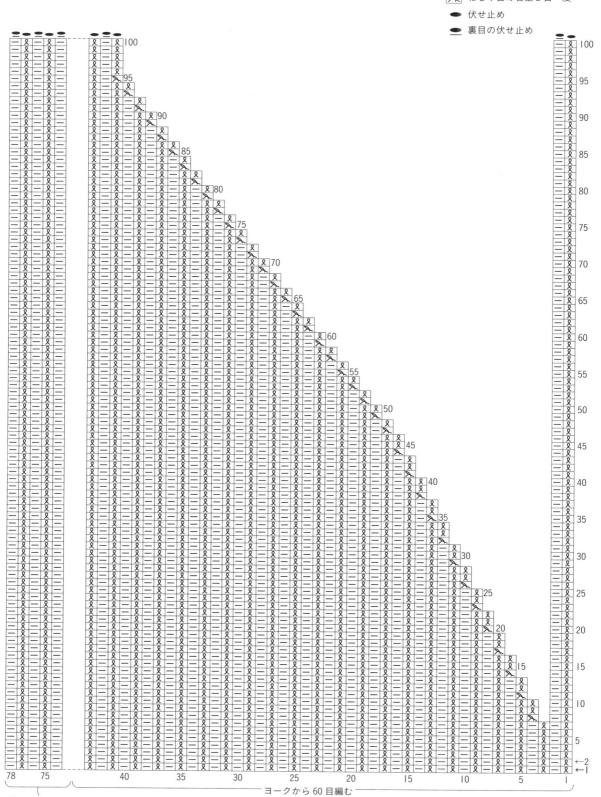

78　75

脇マチから18目編む

←ヨークから60目編む→

72

	裏目
	ねじり目
	ねじり目の左上2目一度
	伏せ止め
	裏目の伏せ止め

ヨークから60目編む

脇マチから18目編む

J 降り注ぐ雨の丸ヨークセーター

ヨークの雨だれ模様がひっくり返したマッシュルームのかさのようにも見えるセーター

[材料]

アラフォスロピー
ライトベージュ　86(light beige heather)
　620g
直径 15mm のボタン　2 個

[用具]

14号・12号の80cm輪針
8号80cm輪針(または4本針)
かぎ針8/0号

[ゲージ]

メリヤス編み　13目×18段(10cm角・14号針)

[仕上がり寸法]

胸囲 104cm、丈 60cm、ゆき丈 73cm

[編み方]

糸はすべて1本どりで編む。

◎ヨーク:8号針で指でかける作り目をして編み始め、図を参照してヨークパターン③を8段輪に編む。12号針に替えてヨークを最後まで編む。

◎身頃とすそ:14号針で編む。左右の袖分の編み目を別糸に移して休ませる。別鎖の作り目を2本作り、別鎖①の中央(脇中心)から4目、身頃、別鎖②から8目、身頃、別鎖①から4目、の順に拾ってメリヤス編みで前後身頃を輪に編む。脇では前後にそれぞれ3目立てて減目をする。すそは8号針に替え、前後別々にガーター編みを往復に編み、最後は伏せ止めする。

◎袖:14号針で脇下中心から脇下マチ、袖の休み目、残りの脇下マチの順に編む。増減なく編み、最後に均等減目をする(図参照)。8号針に替え、袖口のカフをガーター編みで往復に編み、ボタンホールも作る。最後は伏せ止めし、カフのボタンホールの位置に合わせて反対側の端にボタンをつける。

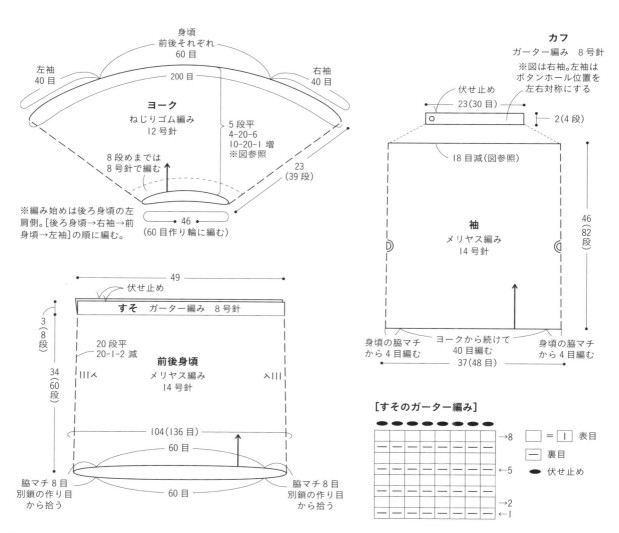

74

[ヨークの模様配置]

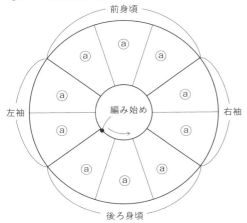

前身頃
右袖
左袖
編み始め
後ろ身頃

[ヨーク]

ヨークパターンⓐ

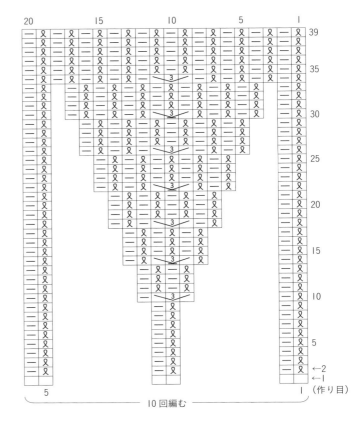

□ = □ 表目
― 裏目
● 伏せ止め
Ȣ ねじり目
３ 3目の編み出し増し目(表目)
　※前段の1目に表目、裏目、表目を編む
３ 3目の編み出し増し目(裏目)
　※前段の1目に裏目、表目、裏目を編む
人 左上2目一度
入 右上2目一度
○ かけ目

[袖口の減目とカフ]

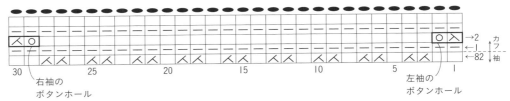

右袖の
ボタンホール
左袖の
ボタンホール

K 壺のセーター

ネックを上に、下に。着こなしで遊べる 2way セーター

[材料]
レットロピー
ベージュ 86(light beige heather) 380g
白 51(white) 200g

[用具]
8号・7号の80cm 輪針
かぎ針 7/0 号

[ゲージ]
メリヤス編み 17目×24段(10cm角・
8号針)

[仕上がり寸法]
胸囲 136cm、ゆき丈 71.5cm、丈 81.5cm

[編み方]
糸はすべて1本どりで編む。
◎えりぐりからヨークまで:別鎖の作り目から8号針、ベージュで拾い目をして
編み始め、メリヤス編みを輪に編む。ヨークは左右の肩に6目立て、その前後で
3目の編み出し増し目をする。ヨークは白で編み始め、6段ごとに糸を替えてボー
ダー模様を編む。
◎身頃とすそ:ボーダー模様を続けながら、アームホール部分は前後身頃をそれ
ぞれ往復に編む。再び輪にして身頃の続きを輪に編む。7号針に替え、ベージュ
ですその2目ゴム編みを編み、最後は前段と同じ目を編みながら伏せ止めする。
◎袖:8号針、ベージュでアームホールから拾い目をし、メリヤス編みを輪に編
みながら袖下に2目立てて減目をする。7号針に替え、袖口もメリヤス編みで編
み、最後はかぎ針 7/0 号で伏せ止めする。
◎えりぐりの始末:別鎖をほどいて残った目を8号針にとり、ベージュ、かぎ針
7/0 号でゆるめに伏せ止めする。

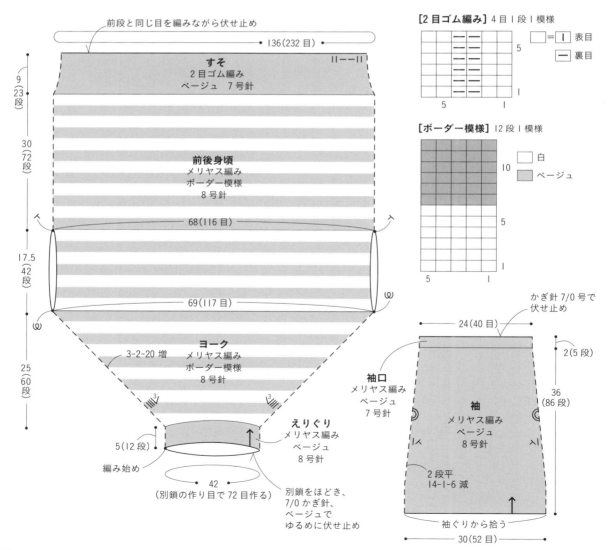

[ヨークとアームホール]　★図は右側の増し目部分。左側の増し目部分は左右対称に編み（ここまでが後ろ身頃）、
そこまでをもう一度くり返す（前身頃分）。アームホールの増し目と減目は後ろ身頃、
前身頃それぞれ編み始め側で1回だけ行う。

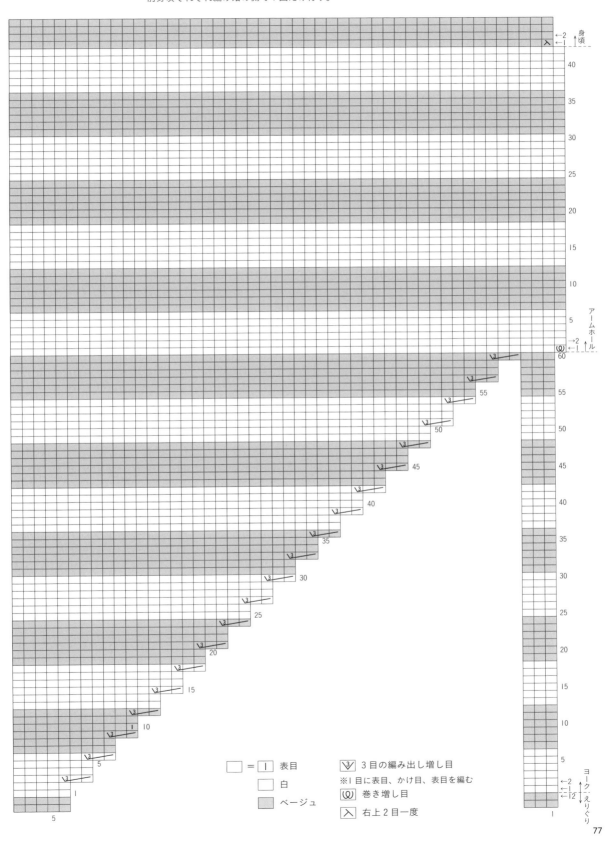

	=	表目
		白
		ベージュ

3目の編み出し増し目
※1目に表目、かけ目、表目を編む

(0) 巻き増し目

⋋ 右上2目一度

77

2 フェルトのエッグバッグ

コロンとまるい、小さな生き物のような手さげバッグ

Photo : Page 28

[材料]
アラフォスロピー
ⓐ 白 51（white） 150g
ⓑ グレー 56（ash heather） 150g

[用具]
14 号 80cm 輪針

[ゲージ]
メリヤス編み（10cm 角・14 号針）
フェルト化前：13 目× 18 段
フェルト化後：14 目× 23 段

[仕上がり寸法]
フェルト化前：幅 32cm、高さ 45cm（持ち手含む）
フェルト化後：幅 29cm、高さ 35cm（持ち手含む）

[編み方]
糸はすべて 1 本どりで編む。
◎底：14 号輪針を使ってトルコ式の作り目で 22 目作り、マジックループの方法で増し目をしながらメリヤス編みを輪に編む（作り目の方法は P.48、マジックループの編み方は P.49 参照）。
◎本体と持ち手：本体は増減なくメリヤス編みを輪に編む。持ち手の 1 段めで 4 本の持ち手以外の編み目を伏せながら編み、糸を切る。持ち手は 1 本ずつ新たに糸をつけてメリヤス編みを往復に編み、残った目は休ませておく。4本編み終わったら、前面の 2 本の編み目を突き合わせてメリヤスはぎする。後ろ面の 2 本の編み目も同様にはぐ。
◎ P.52 を参照してフェルト化する。

[仕上がり寸法]

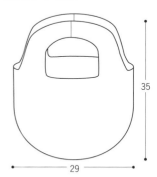

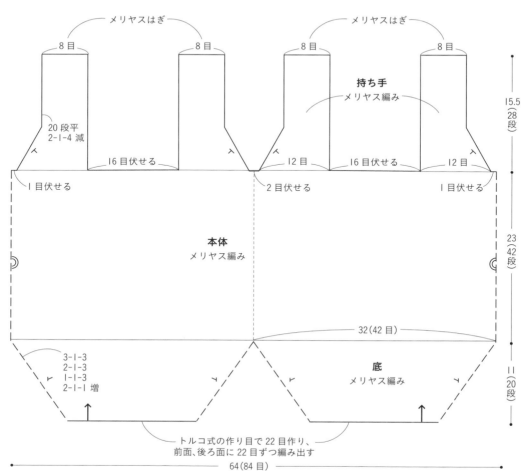

※サイズはフェルト化前。

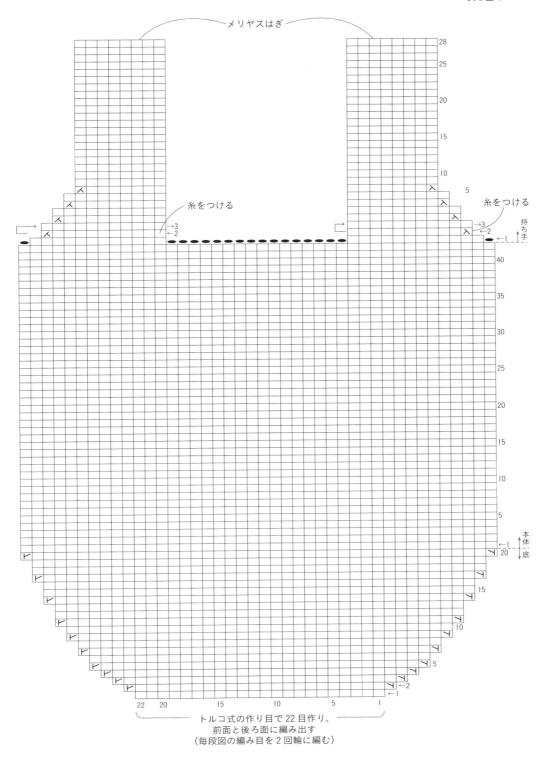

メリヤスはぎ

□ = | 表目
⑂ 左増し目
⑁ 右増し目
人 右上2目一度
人 左上2目一度
● 伏せ止め

糸をつける

糸をつける

→3
←2

→3
←2

持ち手
←1

本体
底

←1
20

←2
←1

トルコ式の作り目で22目作り、
前面と後ろ面に編み出す
（毎段図の編み目を2回輪に編む）

フェルトのポストマンバッグ

Photo : Page 30

寒い国のポストマンがさげていそうな、シンプルなショルダーバッグ

[材料]
アラフォスロピー
白　51（white）　230g

[用具]
14号80cm輪針

[ゲージ]
メリヤス編み（10cm角・14号針）
フェルト化前：13目×18段
フェルト化後：14目×23段

[仕上がり寸法]
フェルト化前：幅38.5cm、高さ
35.5cm（持ち手を除く）
フェルト化後：幅36cm、高さ28cm（持
ち手を除く）

[編み方]
糸はすべて1本どりで編む。
◎底：14号輪針を使ってトルコ式の作り目で30目作り、マジックループの方法で増し目をしながらメリヤス編みを輪に編む（作り目の方法はP.48、マジックループの編み方はP.49参照）。
◎本体と持ち手：本体は増減なくメリヤス編みを輪に編む。持ち手の1段めで2本のストラップ以外の編み目を伏せながら編み、続けて1本めのストラップをメリヤス編みで往復に編む。残った目は休ませておく。反対側のストラップ位置に糸をつけ、最初のストラップと同様に編む。2本のストラップの編み目を突き合わせてメリヤスはぎする。
◎P.52を参照してフェルト化する。

[仕上がり寸法]

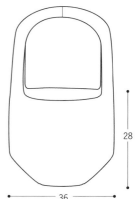

28

36

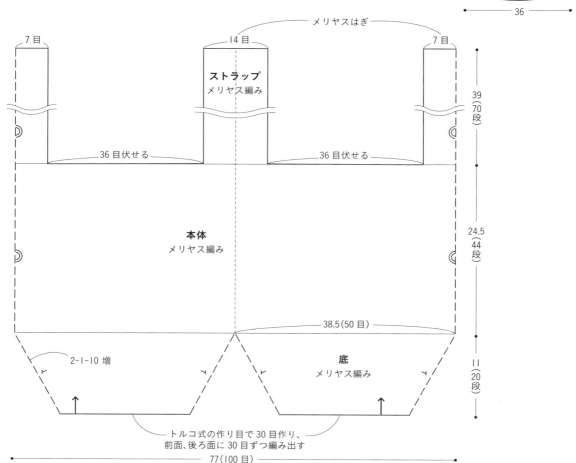

※サイズはフェルト化前。

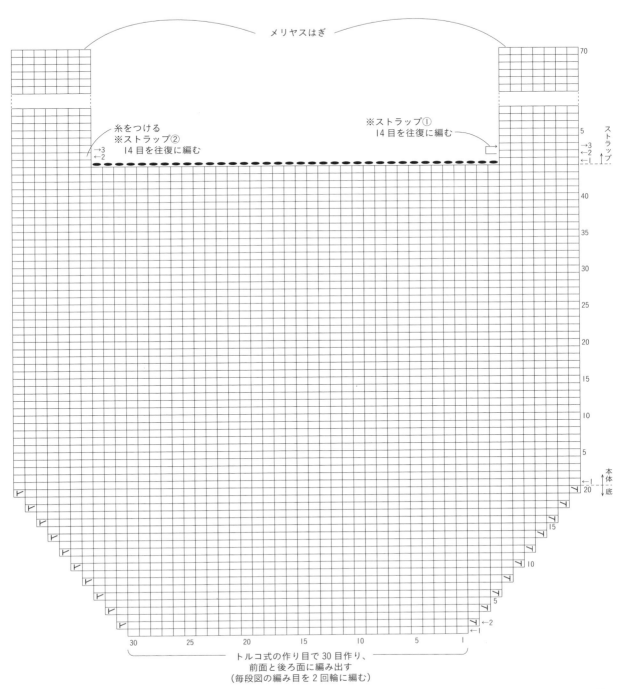

メリヤスはぎ

= $|$ 表目

左増し目

右増し目

伏せ止め

糸をつける
※ストラップ②
14目を往復に編む
→3
←2

※ストラップ①
14目を往復に編む

ストラップ

→3
←2
←1

5

70

5

40

35

30

25

20

15

10

5

本体底

←1
20

15

10

5

←2
←1

30　　　25　　　20　　　15　　　10　　　5　　　1

トルコ式の作り目で30目作り、
前面と後ろ面に編み出す
（毎段図の編み目を2回輪に編む）

P 木漏れ日のセーター

生い茂る葉と、葉の隙間からこぼれる光をちりばめた丸ヨークセーター

[材料]

アラフォスロピー
黒ツイード　9975（black tweed）　630g

[用具]

14号・13号80cm輪針
8号80cm輪針（または4本針）
かぎ針8/0号

[ゲージ]

メリヤス編み　13目×18段（10cm角・14号針）

[仕上がり寸法]

胸囲104.5cm、ゆき丈82.5cm、丈57.5cm

[編み方]

糸はすべて1本どりで編む。

◎えりぐりとヨーク：8号針で指でかける作り目をして編み始め、ねじりゴム編みでえりぐりを輪に編む。13号針に替え、図を参照してヨークを輪に編む。

◎身頃とすそ：14号針で編む。左右の袖分の編み目を別糸に移して休ませる。別鎖の作り目を2本作り、別鎖①の中央（脇中心）から4目、身頃、別鎖②から8目、身頃、別鎖①から4目、の順に拾って前後身頃をメリヤス編みで輪に編む。すそは8号針に替え、前後別々にねじりゴム編みを往復に編む。それぞれ1段めで1目減らす。最後は前段のねじり目は表目、裏目は裏目を編みながら伏せ止めする。

◎袖：14号針で脇下中心から脇下マチ、袖の休み目、残りの脇下マチの順に編む。袖下で減目をしながらメリヤス編みを輪に編む。8号針に替え、袖口のカフをねじりゴム編みで輪に編み、最後は前段のねじり目は表目、裏目は裏目を編みながら伏せ止めする。

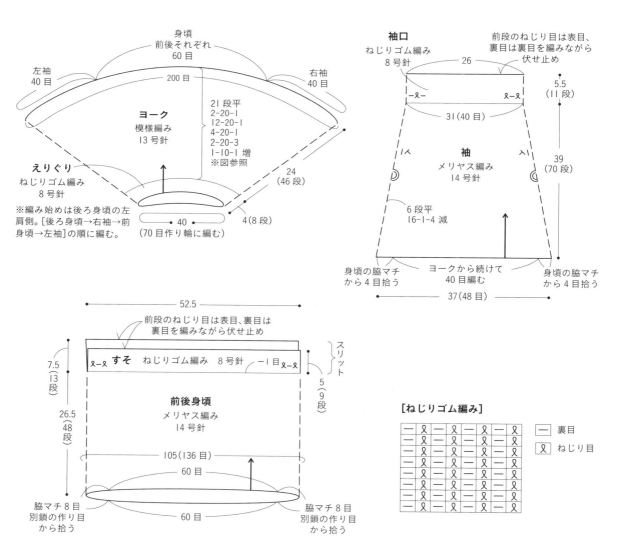

[ヨークの模様配置]

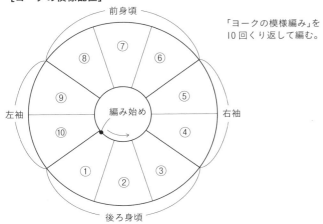

前身頃

左袖　編み始め　右袖

後ろ身頃

「ヨークの模様編み」を
10回くり返して編む。

[ヨークの模様編み]

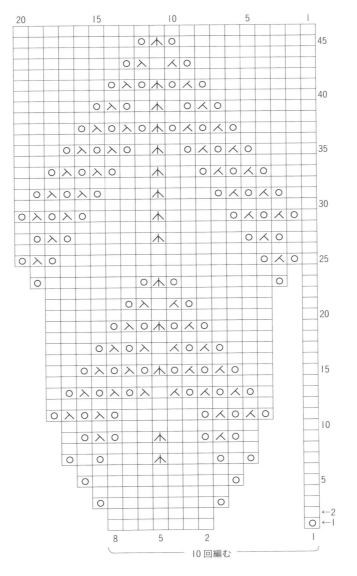

□ = | 表目

人 左上2目一度

入 右上2目一度

○ かけ目

木 中上3目一度

Q

フェルトのベレー帽

耳まですっぽり深くかぶれるベレー帽

[材料]
レットロピー
ⓐ黒　59(black)　65g
ⓑ白　51(white)　65g

[用具]
8号80cm輪針(または4本針)

[ゲージ]
メリヤス編み(10cm角・8号針)
フェルト化前：17目×24段
フェルト化後：18目×28段

[仕上がり寸法]
フェルト化前：直径29cm、頭周り
48cm
フェルト化後：図参照

[編み方]
糸はすべて1本どりで編む。
◎指にかける作り目で84目作り(針を2本束ねてゆるめに作る)、メリヤス編みを輪に編む。図を参照して増減目をしながら本体を編み、最後は残った12目に糸端を2回通して引き絞る。
◎P.52を参照してフェルト化し、形を整えて乾かす。

[仕上がり寸法]

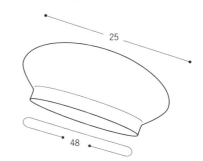

25

48

※フェルト化の途中で縮み具合を確認し、ちょうどいいサイズに仕上げるのがおすすめです。

12目に糸端を通して引き絞る

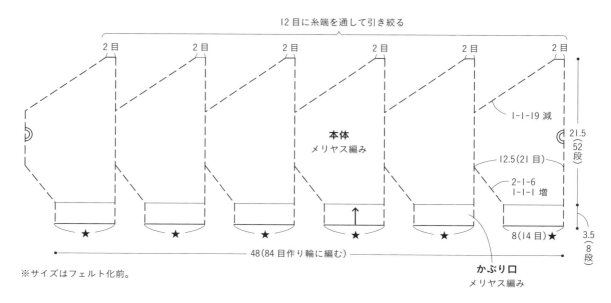

2目　　2目　　2目　　2目　　2目　　2目

本体
メリヤス編み

1-1-19 減

21.5
(52段)

12.5(21目)

2-1-6
1-1-1 増

8(14目)★

3.5
(8段)

48(84目作り輪に編む)

かぶり口
メリヤス編み

※サイズはフェルト化前。

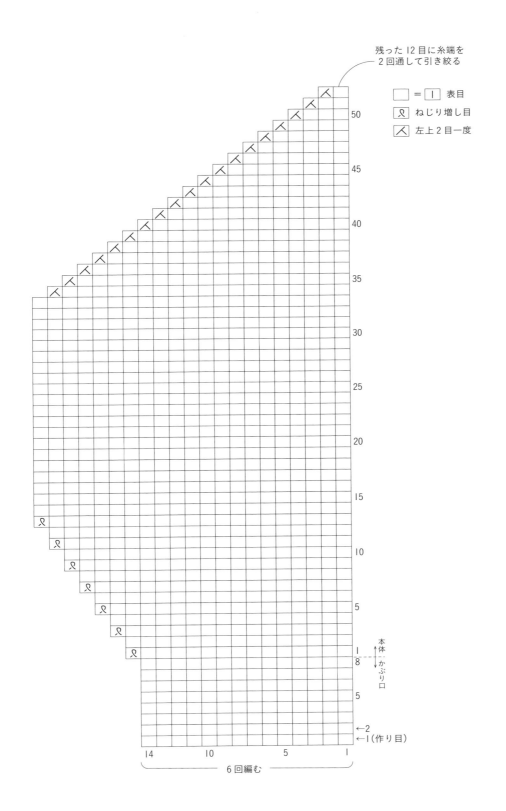

残った 12 目に糸端を
2 回通して引き絞る

□ = | 表目

ℚ ねじり増し目

人 左上 2 目一度

50

45

40

35

30

25

20

15

10

5

本体・かぶり口

| ←2
←1(作り目)

14   10   5   1

6 回編む

流星群のセーター

満天の星空からこぼれ落ちた流れ星が胸元に踊るセーター

[材料]
アラフォスロピー
グレー　56（ash heather）　540g
白　51（white）　150g

[用具]
14号・10号・8号 80cm 輪針

[ゲージ]
メリヤス編み　13目×18段（10cm角・
14号針）

[仕上がり寸法]
胸囲101cm、ゆき丈81.5cm、丈62cm

[編み方]
糸はすべて1本どりで編む。

◎えりぐりからヨークまで：10号針、グレーで指でかける作り目をして編み始め、白をつけて2色の1目ゴム編みを輪に編む。最後にグレーで1段メリヤス編みを編みながら増し目をし、14号針に変えてヨークの模様編みを編む。編み終わったら糸を切る。

◎身頃とすそ：左右の袖分の目を休ませ、別鎖の作り目を2本作る。14号針、グレーで別鎖①の中央（脇中心）から5目、後ろ身頃、別鎖②から10目、前身頃、別鎖①から5目、の順に目を拾って裏メリヤス編みで身頃を輪に編む。すそは10号針で前後それぞれ2色の1目ゴム編みを往復に編む。それぞれ1段めで1目増やす。最後はグレーで1目ゴム編み止めをする。

◎袖：14号針、グレーで脇中心から5目、身頃、脇マチの5目、の順に目を拾い、袖下で減目をしながら裏メリヤス編みを輪に編む。8号針に替え、2色の1目ゴム編みで袖口を輪に編み、最後はグレーで1目ゴム編み止めをする。

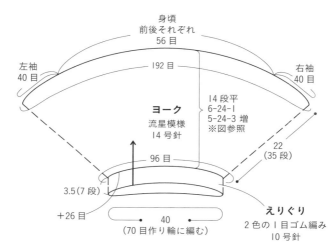

※編み始めは後ろ身頃の左肩側。[後ろ身頃→右袖→前身頃→左袖]の順に編む。

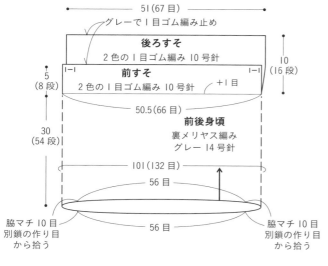

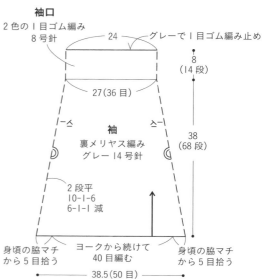

[えりぐりとえりぐりの増し目]

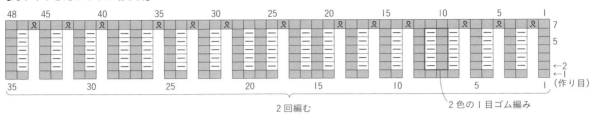

2回編む

2色の1目ゴム編み

[ヨーク]

流星模様の1模様
※全体で24模様編む

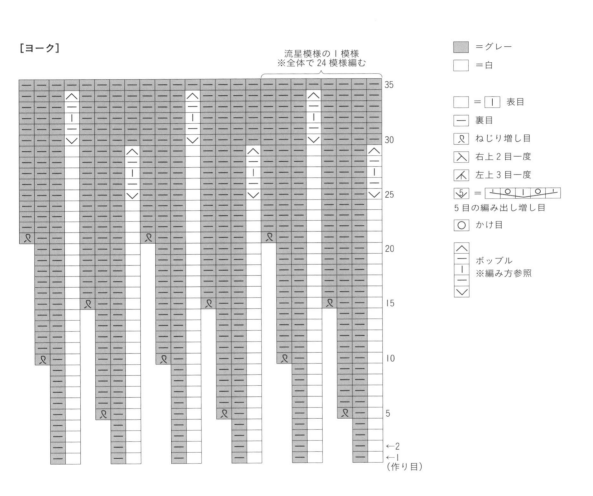

=グレー

=白

= ⊡ 表目

— 裏目

ℒ ねじり増し目

⅄ 右上2目一度

ⅇ 左上3目一度

↧ = ｜○｜○｜
5目の編み出し増し目

○ かけ目

⋀
—
｜
—
⋁
ポップル
※編み方参照

[ポップルの編み方]

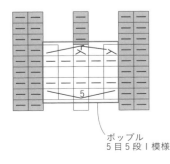

ポップル
5目5段1模様

1段め：5目の編み出し増し目（表目1、左針から
目をはずさずにかけ目1、表目1、かけ目1、表目
1、左針から目をはずす）を編む。
2～4段め：ガーター編み。
5段め：右上2目一度を2回編み、右針にできた
2目を左針に戻して5目めと一緒に左上3目一度。

[裏メリヤス編み]

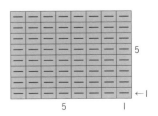

87

8 | 花かごバッグ

花モチーフをもりもりと編みつなぐ、ガーデナーのためのバッグ

[材料]

レットロピー

ⓐ 白　51（white）　200g

ⓑ 黒　52（black sheep heather）　200g

[用具]

7/0号かぎ針

[ゲージ]

花モチーフ1枚：直径8.5cm

[仕上がり寸法]

幅24cm、高さ21cm（持ち手を除く）

[編み方]

糸はすべて1本どりで編む。

◎本体：図を参照して、基本の花モチーフを18枚編む。各モチーフは最終段を編みながら隣合うモチーフに編みつなぐ。編みつなぎ方はP.89の図参照。編みつなぐときの編み方はP.51参照。

◎持ち手：図を参照して、袋口の縁を持ち手を編む。

◎仕上げ：図を参照して、底を引き抜きとじする。

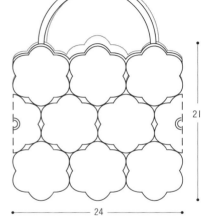

[基本のモチーフ]

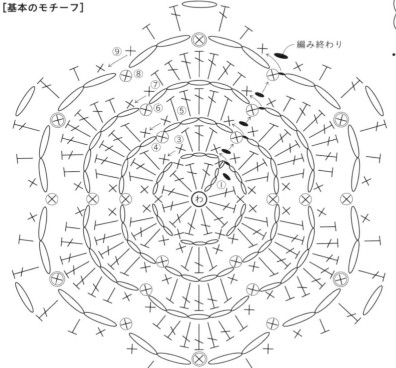

編み終わり

⑨ ⑧ ⑦ ⑥ ⑤ ④ ③ ①

わ

ⓦ	わの作り目
⬭	鎖編み
✕	こま編み
T	中長編み
⊤	長編み
⬬	引き抜き編み
⊗	2段前のこま編みを裏側から束に拾ってこま編みを編む
⊗	前段の長編みの土台の鎖を裏側から束に拾ってこま編みを編む

※ ⊗ と ⊗ の編み方はP.50参照

[モチーフの編み順と編みつなぎ方]

モチーフの9段めを編みながら
隣のモチーフに編みつなぐ

⑫に編みつなぐ

⑬に編みつなぐ

①に編みつなぐ

⑦に編みつなぐ

[持ち手の編み方]

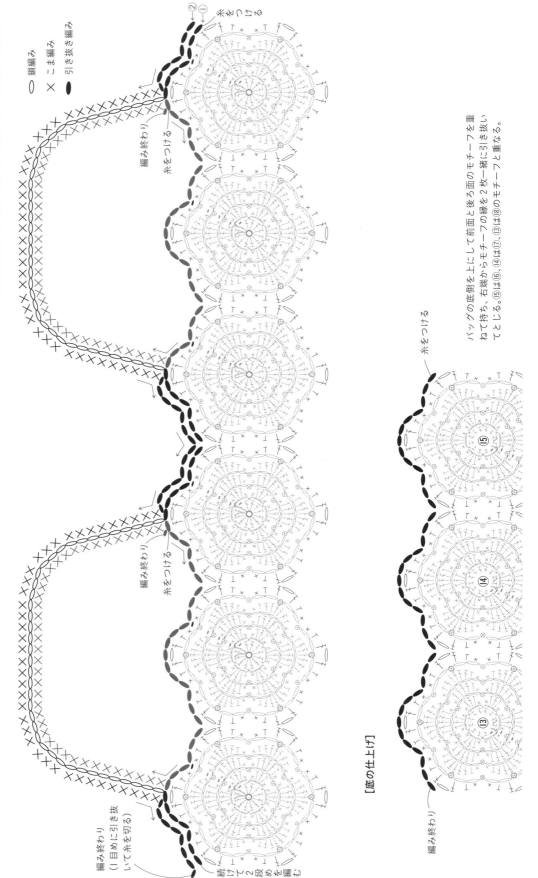

❶モチーフの縁に引き抜き編みをしながら鎖編み（2段め）とこま編み（1段め）でこま編みをする。こま編みは各くさり編みの半目をすくって編む。2本の持ち手は各40目。

❷持ち手の内側部分のモチーフに引き抜き編みをし、持ち手部分は1段めのくさり編みの残りの半目をすくってこま編みを編む。

糸をつける

編み終わり

糸をつける

編み終わり

糸をつける

編み終わり
（1目めに引き抜いて糸を切る）

続けて2段めを編む

○ 鎖編み
× こま編み
● 引き抜き編み

[底の仕上げ]

糸をつける

⑮

⑭

⑬

編み終わり

バッグの底側を上にして前面と後ろ面のモチーフを重ねて持ち、右端からモチーフの縁を2枚一緒に引き抜いてとじる。⑮は⑯、⑭は⑰、⑬は⑱のモチーフと重なる。

棒針編みの基本

指でかける作り目

最もベーシックな作り目の方法です。きつくなりやすいので、次の段を編む針より1〜2号太めの針を使うのがおすすめです。

    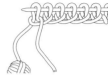

①糸端を編み地の幅の約3倍残してループ（1目め）を作り、針にかける。

②糸端を親指、編み糸を人差し指にかけ、矢印のように針先を動かす。

③親指をいったん糸から抜き、矢印のように入れ直して糸を引きしめる。

④②〜③で作り目の2目めができる。

⑤必要な目数になるまで②〜③をくり返す。

別鎖の作り目

鎖編みをほどいて目を拾い、反対側へ編み出すときに使います。本書ではおもにウエアの脇マチで使用しています。

   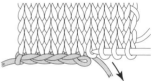

①別糸（編み糸と同程度の太さの糸を使う）で必要な目数より少し多めに鎖編みをし、編み終わり側の鎖の裏山（→ P.94）に棒針の先を入れ、編み糸で目を拾う。

②必要な目数になるまで拾い目を続ける。

③拾い目が終わったら、これを1段めとして2段め以降を編む。

④編み終わったあとで鎖編みをほどき、残った編み目を図のように（編み目の向きに注意）棒針にとる。

製図の見方

各作品の製図には、パーツのサイズや目数・段数などの情報がまとめられています。

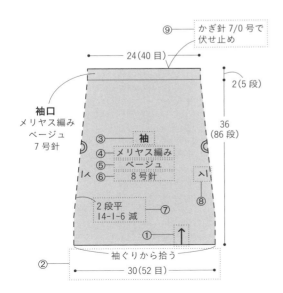

①編み始め位置と編み方向
この矢印が出ている箇所が編み始めです。矢印の方向へ編み進めます。

②編み始めの目数と始め方
最初の目数と作り目をする、拾い目をするなど始め方が記載されています。

③パーツ名

④編み地の種類

⑤使用する糸
ひとつの作品中に2種類以上の糸が使われる場合に記載されています。

⑥使用針の号数

⑦増減目一覧
増し目または減らし目のくり返し方が一覧で表示されています。例の「14-1-6」は左から「14段ごとに1目を16回（減らす）」と読み、下の行から上の行へと編んでいきます。「2段平」は「2段増減なく（平らに）編む」と読みます。

⑧端目の編み方
端の編み目の並びを表しています。この例の場合、端は袖下にあたり、袖下に表目を1目立てて、その内側で減らし目をすることがわかります。

⑨編み終わりの方法
編み目の止め方が記載されています。

編み目記号と編み方

この本の作品で使用しているおもな編み目記号と、記号があらわす目の編み方です。

 表目
左針の目に右針を手前から入れ、糸をかけて矢印のように引き出し、左針から目をはずす。

 裏目
左針の目に右針を向こう側から入れ、糸をかけて矢印のように引き出し、左針から目をはずす。

 かけ目
右針に手前から向こうへと糸をかけ、次の目を続けて編む。

 すべり目
糸を向こう側に置き左針の目に後ろから右針を入れて移す。

 浮き目
糸を手前に置き、左針の目に後ろから右針を入れて移す。

 ねじり目
左針の目に矢印のように右針を入れて表目を編む。

 左上2目一度
左針にかかった2目に、矢印のように一度に右針を入れ、2目一緒に表目を編む。

 右上2目一度
①1目めは表目を編むように右針を入れて右針へ移し、2目めを表目に編む。

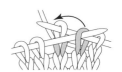
②すべらせた1目めを左針で2目めにかぶせる。

 裏目の左上2目一度
①左針の2目に右針を矢印のように入れる。
②右針に糸をかけ、2目一緒に裏目を編む。

 左上3目一度
左針の3目に矢印のように右針を入れ、3目一緒に表目を編む。

 中上3目一度
①1、2目めに矢印のように針を入れ、右針に移す。

②3目めを表目に編む。

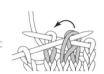
③右針に移した2目を3目めにかぶせる。

 ねじり目の左上2目一度
①2目を編まずに右針に移し、2目めに矢印のように左針を入れ、左針に戻す。
②1目めはそのまま左針に戻し、2目に矢印のように右針を入れて表目を編む。

 ねじり目の右上2目一度
①1目めは裏目を編むように右針を入れて右針へ移し、2目めを表目に編む。

②すべらせた1目めを左針で2目めにかぶせる。

 ねじり増し目（右端）
①次の目との間の渡り糸を左針ですくう。

②すくった糸に右針を矢印のように入れる。

③右針に糸をかけ、表目を編む。

 ねじり増し目（左端）
①次の目との間の渡り糸を左針ですくう。

②すくった糸に右針を矢印のように入れる。

③右針に糸をかけ、表目を編む。

 右増し目
①左針の目の前段に右針を矢印のように入れる。

②表目を編む。これで1目増える。

 左増し目
①右針の目の2段前に左針を矢印のように入れる。

②左針にかかった目に右針を入れ表目を編む。

ⓦ 巻き増し目

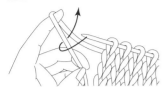

①左手に持った糸を右針で矢印のようにすくい、人差し指を抜いて引きしめる。

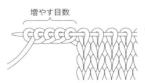

増やす目数

②必要な目数になるまで①をくり返す。

止め方ととじ・はぎの方法

編み終わりの目の止め方と、編み地の端をとじ合わせたり、編み目同士をはぎ合わせたりする方法です。

◉ 伏せ止め（表目）

①最初の2目を表目に編む。

②1目めを2目めにかぶせる。以下、表目を編んで前の目をかぶせる、をくり返す。

③最後の目は糸を引き抜いて引きしめる。

◉ 伏せ止め（裏目）

①最初の2目を裏目に編み、1目めを2目めにかぶせる。

②以下、裏目を編んで前の目をかぶせる、をくり返す。

③最後の目は糸を引き抜いて引き締める。

1目ゴム編み止め

糸端は編み地の3.5倍程度残す

①とじ針に糸端を通し、右端の2目に図のように針を通す。

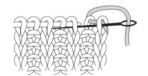

②1目めの表目の手前から針を入れ、3目めの表目に後ろから入れ、手前に出す。

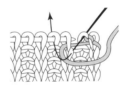

③2目めの裏目の後ろから針を入れ、4目めの裏目の後ろに出す。

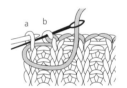

a　b

④②と③をくり返し、最後はbの後ろから針を入れ、aの手前に出す。

メリヤスはぎ

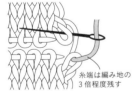

糸端は編み地の3倍程度残す

①2枚の編み地の編み目を突き合わせ、糸端を通したとじ針を手前の1目めに後ろから、向こう側の1目めにも後ろから通す。とじ針を通しながら、編み目を棒針からはずす。

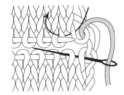

②手前の1目めに前から、2目めには後ろからとじ針を通す。2目めを棒針からはずす。向こう側の1目めに前から、2目めに後ろからとじ針を通し、2目めを棒針からはずす。

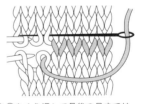

③②をくり返して最後の目まではぐ。はぎ糸を引くときは、はぎ部分が1目分の高さになるようにするときれいに仕上がる。

引き抜きはぎ

①2枚の編み地を中表に合わせ、手前と向こう側の目1目ずつにかぎ針を入れ、糸をかける。

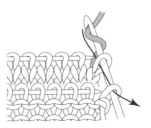

②2目を棒針からはずし、かぎ針を一度に引き抜く。

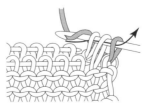

③手前と向こう側の次の目にかぎ針を入れ、2目を棒針からはずし、かぎ針に糸をかけて一度に引き抜く。

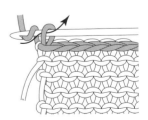

④③をくり返して最後の目までとじ、残った目から糸端を引き抜いて糸を切る。

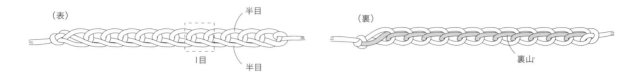

かぎ針編みの基本

鎖編みの見方と呼び方

かぎ針編みの作り目としてはもちろん、棒針編みの作り目として使うこともある鎖編み。各部分の名前を覚えておきましょう。

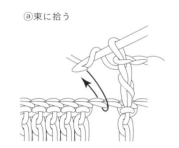
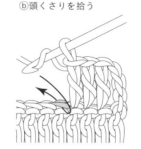

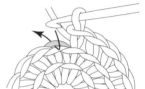

目の拾い方

かぎ針編みは前段の目を拾って編みますが、拾い方には次のような3種類のパターンがあります。

ⓐ束に拾う　　　　　　　　　　　ⓑ頭くさりを拾う

ⓒ半目拾う

前段の編み目が鎖編みの場合や、編み目と編み目の間にかぎ針を入れて編む場合の拾い方。鎖編みの下側や2目の間にかぎ針を入れて糸をかけて編みます。

前段の編み目に編み入れる場合の拾い方。前段の編み目の頭鎖（編み目の上にできる鎖目）の下にかぎ針を入れ、糸をかけて編みます。

前段の編み目の頭鎖の半目だけを拾う編み方。1本の鎖編みから上下へ編み出す場合などに使います。

わの作り目

表面だけを見てぐるぐると輪に編む円編みをするときに使用する作り目の方法のひとつです。

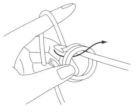

①糸端を5cm程度残して二重の輪を作り、★の位置を左手の親指と中指でおさえる。

②編み糸を人差し指にかけて図のように持ち、かぎ針を輪に入れて糸をかけて引き出す。

③かぎ針に糸をかけて②でできたループから引き出す。できた目は1目には数えない。

④立ち上がりの鎖編みを必要な目数分編む（こま編みは1目、長編みは3目など）。

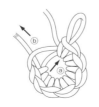

⑤立ち上がりの鎖編みを編んだら、輪を束に拾って2目め以降を編んでいく。

⑥1段めの編み目を編み終えたら、ⓐ、ⓑの順に糸を引いて輪を引きしめる。

⑦1段めの最後の引き抜き編みは輪を引きしめてから編む。

編み目記号と編み方

この本の作品で使用しているおもな編み目記号と、記号があらわす目の編み方です。

鎖編み

①利き手にかぎ針、反対の手に糸を持ち、かぎ針の先を図のように動かす。

②かぎ針の先にループがかかる。

③かぎ針に糸をかけ、②のループから引き抜く。

④糸端を引きしめると「スリップノット」ができる。この目は1目には数えない(この目は指で作ってもOK)。

⑤かぎ針に糸をかけ、針にかかったループから引き抜くと、鎖編みが1目編める。

⑥必要な目数になるまで⑤をくり返す。

引き抜き編み

①引き抜く先の編み目の頭鎖を拾い、かぎ針に糸をかけ、矢印のように引き抜く。

②引き抜き編みが編めたところ。

こま編み

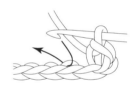

①前段の目を拾う(作り目から1段めを編み始める場合、立ち上がりの鎖編みを1目編み、2目めの裏山に針先を入れる)。

②針先に糸をかけ、針にかかった2本のループから一度に引き抜く。

③こま編みが1目編める。次の目以降も①②をくり返して編む。

中長編み

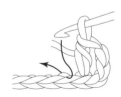

①かぎ針に糸をかけ、前段の目を拾う(作り目から1段めを編み始める場合、立ち上がりの鎖編みを2目編み、1目飛ばして4目めの裏山に針先を入れる)。

②針先に糸をかけ、針にかかった3本のループから一度に引き抜く。

③中長編みが1目編める。次の目以降も①②をくり返して編む。

長編み

①かぎ針に糸をかけ、前段の目を拾う(作り目から1段めを編み始める場合、立ち上がりの鎖編みを3目編み、1目飛ばして5目めの裏山に針先を入れる)。

②針先に糸をかけ、針先側の2本のループから引き抜く。もう一度針先に糸をかけ、針にかかったループ2本から一度に引き抜く。

③長編みが1目編める。次の目以降も①②をくり返して編む。

Profile

サイチカ

ニットデザイナー。文化服装学院で服作りとニットデザインを学ぶ。子育てを機に、2010年から雑誌、書籍などへのデザイン提供を開始。センスと知識に裏打ちされた自由で遊び心あふれるデザインで人気に。デザインスタジオSAQULAI.Incではニットディレクターも務める。著書に「白い糸で編むセーターの本」「今着たいセーター」(いずれも文化出版局)などがある。

材料提供

内藤商事株式会社　クラフト事業部
〒124-0012　東京都葛飾区立石8-43-13
内藤クラフトセンター
tel.03-5671-7110(平日9〜17時))
http://www.naitoshoji.co.jp

Staff

撮影	松本のりこ
スタイリング	田中美和子
モデル	モトーラ世理奈
ヘアメイク	下永田亮樹
制作協力	徳永ほづみ、野波ゑみ子、田澤育子、福原若奈
編集	笠井良子(小学館CODEX)

アイスランドのロピーで編む
ノマドのニット

2021年10月13日　　初版第1刷発行
2024年11月23日　　　　第4刷発行

著者	サイチカ
発行人	川島雅史
発行所	株式会社　小学館
	〒101-8001　東京都千代田区一ツ橋2-3-1
	電話:編集03-3230-5585　　販売03-5281-3555
印刷・製本	株式会社シナノパブリッシングプレス
販売	中山智子
宣伝	秋山　優

©2021 by Saichika
Printed in Japan　ISBN 978-4-09-307008-9